HAAL MEER UIT MEERTALIGHEID

OMGAAN MET TALIGE DIVERSITEIT IN HET BASISONDERWIJS

Haal meer uit meertaligheid

Omgaan met talige diversiteit in het basisonderwijs

*Lore Van Praag, Sven Sierens, Orhan Agirdag,
Peter Lambert, Stef Slembrouck, Piet Van Avermaet,
Johan Van Braak, Piet Van de Craen, Koen Van Gorp,
Mieke Van Houtte (red.)*

*Lore Van Praag, Julie Van den Bossche, Sven Sierens,
Orhan Agirdag, Kathelijne Jordens, Evelien Van Laere,
Kirsten Rosiers, Jill Surmont, Anouk Van der Wildt,
Lies Strobbe, Vicky Verley*

Acco   Leuven / Den Haag

Eerste druk: 2016

Gepubliceerd door
Uitgeverij Acco, Blijde Inkomststraat 22, 3000 Leuven, België
E-mail: uitgeverij@acco.be – Website: www.uitgeverijacco.be

Voor Nederland:
Acco Nederland, Westvlietweg 67 F, 2495 AA Den Haag, Nederland
E-mail: info@uitgeverijacco.nl – Website: www.uitgeverijacco.nl

Omslagontwerp: www.frisco-ontwerpbureau.be

D/2016/0543/12   NUR 842   ISBN 978-94-6292-563-2

Inhoud

Hoofdstuk 10. Scholen begeleiden in omgaan met talige diversiteit: zijn er sleutels tot succes? 131

Vicky Verley

Hoofdstuk 11. Conclusie 151

Lore Van Praag, Julie Van den Bossche, Sven Sierens, Orhan Agirdag

Hoofdstuk 1

Inleiding

Lore Van Praag, Julie Van den Bossche, Sven Sierens, Orhan Agirdag

1.1 INTRODUCTIE

Het Vlaamse onderwijs wordt gekenmerkt door erg veel talige diversiteit. Leerlingen spreken verschillende talen en taalvariëteiten en brengen die mee naar school. Op school leren ze eerst het Nederlands lezen en schrijven en krijgen ze vervolgens ook een introductie in verschillende vreemde talen, zoals Engels en Frans. Deze talige diversiteit werd de laatste decennia vergroot door het verhoogde aantal migranten en hun kinderen die naar België zijn gekomen. Daarnaast leiden technologische ontwikkelingen, zoals de toegang tot het internet, ertoe dat leerlingen sneller en meer in aanraking komen met een hele waaier aan talen dan vroeger. Het groeiende belang van talen weerspiegelt zich ook op de arbeidsmarkt, waar onderlegd zijn in meerdere talen gewaardeerd wordt. Het belang van taal wordt dan ook erg vaak benadrukt. Toch is het opmerkelijk dat in het Vlaamse onderwijs de talige diversiteit die reeds aanwezig is amper benut wordt. Er wordt vaak een onderscheid gemaakt in de waarde die men hecht aan verschillende talen, wat zichtbaar is in het vreemdetalenonderwijs op school. Men hecht bijvoorbeeld meer waarde aan westerse talen, zoals het Engels en het Frans, in vergelijking met 'migrantentalen', zoals het Turks en het Arabisch. Talen die een hogere status genieten, krijgen veel aandacht in de klas, zonder hierbij enige referentie te maken naar de talen waarin leerlingen reeds vaak onderlegd zijn. De status en de waardering van sommige talen, zoals het Frans, verandert ook naargelang de context. Frans wordt 'als tweede taal' erg gewaardeerd en aangeleerd in vele scholen in Vlaanderen, maar tegelijkertijd kent Brussel een lange geschiedenis van lokale aanwezigheid van het Frans en wordt Frans de laatste decennia hier ook steeds meer als een migratie-gerelateerde taal aangezien.

Door de verschillende waardering van talen in het Vlaamse onderwijs interpreteert men de meertaligheid van leerlingen ook op een erg selectieve manier. Dat is bijvoorbeeld vaak het geval als het gaat over de talen die migrantenkinderen spreken. Deze leerlingen spreken thuis vaak ook een andere taal dan Nederlands en worden geacht zo snel mogelijk het Nederlands onder de knie te krijgen. De sterke focus op het belang van Nederlands op school vertaalt zich vaak in het idee dat leerlingen die nog geen Nederlands kunnen of het Nederlands onvoldoende machtig zijn, het best volledig ondergedompeld worden in het Nederlands, zonder hun thuistaal hierbij in te zetten: het 'taalbadmodel'. Er is echter onvoldoende wetenschappelijke onderbouwing voor dit taalbadmodel, aangezien de effecten van dit taalbadmodel niet altijd even eenduidig zijn. Is het wel de beste manier om een taal aan te leren? Helpt het om goed te kunnen functioneren in een schoolse omgeving, en bij uitbreiding de samenleving? En zijn er geen betere of efficiëntere alternatieven? Zo ja, wat is de haalbaarheid van deze alternatieven? Ondanks de gangbare onderwijspraktijken met betrekking tot het gebruik van talen op school in Vlaanderen, ontbreekt er een grondige wetenschappelijke fundering voor het bestaande taalbadmodel.

Het Validiv-project (VALorising LInguistic DIVersity in Flanders, Strategisch Basis Onderzoek gefinancierd door het Instituut voor Innovatie door Wetenschap en Technologie (IWT)[1]) tracht om de bestaande talige diversiteit en talige repertoires van de leerlingen (bijvoorbeeld: Engels, Frans, Italiaans, Pools, Spaans, Turks, ...) in onderwijsprocessen in het basisonderwijs in Vlaanderen in kaart te brengen en te valoriseren. In dit boek stellen we het Validiv-project, de ontwikkelde instrumenten en het uitgevoerde onderzoek voor. Hierbij staan we stil bij de bestaande gangbare praktijken en ideeën rond taal op school, en gaan we dieper in op alternatieve visies en methoden. Om alternatieve manieren naast het gangbare taalbadmodel te bestuderen, hebben we verschillende instrumenten ontwikkeld (E-Validiv, Validiv Bagage en de Schoolbeleidsgids, MetroTaal). Deze instrumenten stellen leerkrachten, directie en schoolbeleidsmakers in staat om op een positieve manier aandacht te besteden aan de talige repertoires die leerlingen bezitten en deze op een positieve manier te benutten op school.

In dit hoofdstuk schetsen we kort de specifieke migratie- en taalgeschiedenis van België die tot vandaag een grote rol blijft spelen in het onderwijs. Deze context gaf namelijk mee vorm aan het huidige taalbeleid in de Vlaamse scholen. Het Validiv-project wil meer inzicht verkrijgen in dit taalbeleid, maar tegelijkertijd ook alternatieven onderzoeken. Deze alternatieven zijn gebaseerd op inzichten uit de taalkunde, de pedagogie en de sociologie. In plaats van te concentreren op het Nederlands als enige taal die gesproken mag worden op school, vertrekken deze alternatieve talenvisies vanuit het idee dat alle talen die leerlingen spreken en begrijpen ook ingezet kunnen worden in de klas. Het gecontroleerd toelaten van de thuistalen van leerlingen op school kan uiteindelijk ook zijn vruchten afwerpen voor de kennis en vaardigheden in het Nederlands.

---

1. Sinds 1 januari 2016 is dit het VLAIO (Vlaams Agentschap Innoveren & Ondernemen) geworden.

1.2   DE TAAL- EN MIGRATIECONTEXT

Taal heeft altijd al een belangrijke rol gespeeld in de geschiedenis van België. De taalstrijd tussen Nederlandstaligen en Franstaligen heeft België mee vormgegeven en blijft tot vandaag een belangrijk thema en voer voor discussie. Bij het ontstaan van België was Frans de dominante taal die gesproken werd in de administratie en alle publieke organen van België. Hier kwam geleidelijk aan verandering in. Over de jaren heen streden Vlamingen voor hun rechten en de erkenning van hun taal. Ondanks het feit dat Nederlands reeds in de jaren dertig erkend werd als officiële taal in het onderwijs, de publieke administratie en het rechtssysteem, werd pas vanaf de jaren zestig steeds meer aandacht besteed aan de realisatie van de taalwetten en de afbakening van Nederlandstalige regio's – op enkele uitzonderingen na. Het verloop van de geschiedenis leidde ertoe dat erg veel belang werd gehecht aan het beschermen van het Nederlands in officiële instellingen aan de hand van rigoureuze taalwetten. De jarenlange taalstrijd zorgde ook voor een uitgebreide taalwetgeving op scholen die deel uitmaken van de Vlaamse gemeenschap. In scholen die behoren tot deze gemeenschap is Nederlands de enige instructietaal. Op een aantal uitzonderingen na mogen enkel in het kader van het vreemdetalenonderwijs, andere talen, zoals Frans en Engels, gesproken worden. Er is hier duidelijk een verschillende waardering van meertaligheid in het onderwijs merkbaar. Er wordt veel belang gehecht aan het verwerven van voldoende vaardigheid in het Standaardnederlands. Vervolgens wordt het aanleren van bepaalde vreemde talen (Engels, Frans en in mindere mate Duits) gestimuleerd, terwijl het verder ontwikkelen van andere talen (zoals thuistalen, waaronder dialecten maar ook niet-West-Europese talen) als schadelijk werd ervaren voor de schoolprestaties van leerlingen. Leerlingen die deze minder gewaardeerde taalvariëteiten of talen spreken, zijn vaak afkomstig uit lagere sociale milieus of hebben een migratieachtergrond.

De laatste decennia werd er steeds meer aandacht besteed aan het belang van 'taal' bij migranten en hun kinderen. Door de verhoogde immigratie van de laatste eeuw, werden er ook steeds meer talen gesproken in België. Al vanaf de jaren twintig kwamen de eerste migranten aan uit Italië en Polen om te komen werken in de mijnbouw. Toch was het vooral na de Tweede Wereldoorlog dat nieuwe arbeidsmigranten uit zuiderse landen aangetrokken werden door de staat om de industrie opnieuw op te bouwen na de oorlog. De meeste arbeidsmigranten werden voornamelijk gerekruteerd voor de steenkoolindustrie; sommigen van hen kwamen via allerlei omzwervingen en rekruteringsinitiatieven van andere bedrijven ook terecht op andere plaatsen. Na de actieve rekrutering van arbeidsmigranten door de Belgische staat tijdens de periode na de Tweede Wereldoorlog, werd er in de jaren zeventig een migratiestop ingelast. Toch betekende dat niet het einde van de migratiestromen naar België. Elke regio in België kende na verloop van tijd een specifieke migratiedynamiek. Oorspronkelijk was het de bedoeling dat de arbeidsmigranten slechts tijdelijk in België zouden verblijven. Hierdoor werd niet zo veel aandacht besteed aan de adaptatieprocessen van deze eerste migranten in België. Toch lieten steeds meer migranten hun familie overkomen uit hun herkomstland in het kader van gezinshereniging. De laatste decennia is er ook een toename van migranten uit andere landen, voornamelijk uit Oost- en Midden-Europa door het vrije verkeer van personen in de Europese Unie of omwille van discriminatie, conflict en economische achteruitstelling in hun land van herkomst. Er komen migranten van over heel de wereld omwille van tijdelijke en langdurige arbeidsmigratie, het groeiende belang van de Europese organen in Brussel en de toename van asielzoekers. In Brussel kent de migratiestroom de laatste jaren een nog grotere en meer diverse toename.

De komst van deze migranten en hun kinderen veranderde niet zo veel aan de bestaande taalwetten en -gebruiken. De groei in talige diversiteit in België vertaalde zich niet in aanpassingen in deze taalwetgeving of ideeën hieromtrent. Door de strenge taalwetgeving mocht men bijvoorbeeld in de jaren tachtig en negentig slechts Onderwijs in Eigen Taal en Cultuur (OETC) organiseren onder de noemer van een 'experiment', want anders zou het ingaan tegen de taalwetgeving. Ondanks de starre taalwetgeving verschoof het zwaartepunt in het debat rond taal op school door de komst van migranten. Er werd meer belang gehecht aan het aanleren van de officiële landstalen bij migrantenkinderen. Taal is vaak een eerste struikelblok voor migranten om te kunnen deelnemen aan en te communiceren binnen het migratieland. Van migranten wordt verwacht dat ze zo snel en zo goed mogelijk Nederlands leren om volwaardig te kunnen deelnemen aan de samenleving en te integreren op de arbeidsmarkt. Onderwijs is hiervoor het ideale instrument, aangezien leerlingen op een informele manier op de speelplaats en op een formele manier tijdens de lessen gaandeweg Nederlands onder de knie krijgen. Scholen worden dus vaak gezien als de meest geschikte plaats om Nederlands aan te leren en als integratiemiddel bij uitstek om te kunnen functioneren in de Belgische samenleving. Kinderen van migranten worden daarom ondergedompeld in een zogenaamd 'taalbad'. Het idee leeft dat het gebruik van de thuistaal zo veel mogelijk vermeden moet worden, aangezien dit beschouwd wordt als een hinderpaal voor het aanleren van het Nederlands. De school wordt vaak beschouwd als de enige plaats waar leerlingen in aanraking komen met het schoolse repertoire van het Nederlands. Als gevolg hiervan voelen scholen zich verplicht om leerlingen zo veel mogelijk in het Nederlands te laten communiceren. Alle tijd die dan naar een andere taal dan het Nederlands gaat op school wordt beschouwd als een beperking van de tijd die de leerlingen met een migratieachtergrond hebben om hun kennis en vaardigheden in het Nederlands verder op te bouwen. Dat wordt vaak vertaald in een taalbeleid op school waarbij leerlingen 'enkel Nederlands' mogen spreken en waarbij het gebruik van andere talen soms zelfs bestraft wordt. Men maakt echter niet dezelfde redenering als het onderwijs in vreemde talen betreft. Het aanleren van vreemde talen, zoals het Frans of het Engels, op school wordt echter niet als een beperking gezien voor de tijd die men aan het Nederlands kan besteden.

Het taalbadmodel is erop gericht om leerlingen met een andere thuistaal dan het Nederlands zo veel mogelijk (onderwijs)kansen te bieden om hun potentieel ten volle te kunnen ontwikkelen. Ondanks het sterke geloof in de effectiviteit van deze aanpak vallen de gemiddelde opbrengsten tegen. Toch is het mogelijk om op een didactisch nuttige manier ruimte te bieden aan de thuistalen van leerlingen, zonder hiermee afbreuk te doen aan het belang van het Nederlands als onderwijstaal of per se te moeten kiezen voor een model waarin het onderwijs verloopt in twee of drie talen. Dat kan door leerlingen de kans te geven hun thuistalen functioneel in te zetten in een leeromgeving waarin het Nederlands de gangbare instructietaal is en de leerkracht niet alle talen van de leerlingen begrijpt. We gaan in de volgende paragraaf dieper in op de voor- en nadelen en de haalbaarheid van de introductie van meertaligheid in het onderwijs.

1.3 MEERTALIGHEID OP SCHOOL

Het inzetten van meertaligheid op school betekent concreet dat men op school meer dan één taal gaat hanteren als instructietaal of toelaat om te gebruiken. Dat kan door bepaalde (niet-talige) vakken in een andere taal te geven, de leerlingen te laten kennismaken met andere talen dan de instructietaal op school of een toleranter beleid ten aanzien van het spreken van andere talen op school te hanteren. Om meertaligheid op school te kunnen bespreken, moet er een onderscheid gemaakt worden tussen de taalleerdoelstellingen en de leerstrategieën om bepaalde talen aan te leren. Scholen kunnen als doelstelling hebben om leerlingen verschillende talen aan te leren op school. Dit betreft dan het vreemdetalenonderwijs, of het verder ontwikkelen van de thuistalen van leerlingen op school. Daarnaast kan het aanleren van verschillende talen ook meerdere vormen aannemen. Deze vormen vertrekken vanuit een verschillende benadering van meertaligheid. Meertaligheid kan gezien worden als het onderlegd zijn in afzonderlijke talen. Hierbij vertrekt men vanuit het idee dat de ene taal de andere niet is. Talen worden in deze visie eerder gezien als een manier om groepen van mensen van elkaar te onderscheiden. Als je bijvoorbeeld erg goed bent in het Engels en het Turks, dan ziet men dit in deze visie als twee verschillende competenties. Daarnaast kan meertaligheid op zich ook gebruikt worden op school om het talige repertoire van leerlingen te ontplooien. De ene taal kan ingezet worden om de andere taal aan te leren. Hierbij interpreteert men meertaligheid als een geïntegreerd geheel van competenties die in elkaar overvloeien en elkaar aanvullen. Deze flexibelere vorm van meertaligheid veronderstelt dat, als je één bepaalde taal kunt, dit ook voordelen heeft voor het leren van andere talen en dat deze kennis en vaardigheden aangevuld kunnen worden met de kennis van een andere taal. Dat is bijvoorbeeld het geval voor iemand die de Italiaanse keukentaal van zijn Italiaanse grootmoeder heeft geleerd tijdens de vele uren dat ze samen hebben gekookt, maar veel beter kan rekenen in het Nederlands omdat hij dat op school heeft geleerd. Als deze persoon samen met zijn vrienden wil koken, kan het dus goed zijn dat hij de hoeveelheden in het Nederlands zegt, maar het kookmateriaal in het Italiaans. Een ander voorbeeld is dat iemand die de grammatica van het Frans goed begrijpt, hier ook een beroep op kan doen als hij of zij Spaans leert. Ondanks de verschillende visies over meertaligheid, is er geen eenduidigheid over de manier waarop leerlingen talen aanleren.

Waar het Vlaamse taalbadmodel meertaligheid eerder benadert als een verzameling van gescheiden entiteiten die afzonderlijk van elkaar bestaan en zich ontwikkelen, werden de mogelijkheden van een meer open en flexibelere visie op meertaligheid veel minder onderzocht en in de praktijk omgezet. Een soepele visie op meertaligheid begrenst het omgaan met meertaligheid veel minder in tijd en ruimte. Mensen die vertrouwd zijn met meerdere talen kunnen, ten gepasten tijde, van de ene taal naar de andere taal overschakelen om op deze manier zo goed mogelijk te communiceren. Scholen kunnen een constructief open talenbeleid voeren waarbij alle talen die leerlingen en hun ouders spreken ook een plaats krijgen op school. Een volledige onderdompeling in de Nederlandse taal gebeurt vaak al bijna automatisch, met de leerkracht en met andere leerlingen. Waar leerlingen vooral de standaardtaal van het Nederlands in de klas aangeleerd krijgen, is dat zeker niet per se het geval voor de speelplaats. Leerlingen maken vaak gebruik van verschillende taalvariëteiten. Het toelaten van alle thuistalen van leerlingen heeft ook niet steeds een negatieve impact op het verwerven van de instructietaal. Soms staat men echter weigerachtig tegenover het gebruik van alle mogelijke thuistalen van leerlingen. Men vreest dat als alle talen toegelaten zouden worden op school, dit weleens zou kunnen zorgen voor kliekjesvorming tussen leerlingen, spieken of samenspannen tegen de leerkracht. Doordat de leerkracht hier geen vat op heeft, aangezien hij of zij niet alle talen beheerst, kan hij of zij bang zijn de controle te verliezen. De thuistalen van leerlingen worden soms ook beschouwd als onvoldoende ontwikkeld om ze daadwerkelijk te kunnen inzetten in de klas.

Als men meer wil veranderen dan louter het voeren van een open talenbeleid op school, kunnen scholen ook ruimte maken voor talensensibilisering in de klas. Scholen kunnen leerlingen bewuster maken van de veelheid aan talen en leerlingen stimuleren om op een positieve manier naar alle talen te kijken. Talensensibilisering kan leerlingen motiveren om andere talen aan te leren en hen bewust maken van het feit dat niet alle leerlingen in hun klas thuis eenzelfde taal spreken. Het verhoogt ook het welbevinden van leerlingen met een andere thuistaal dan Nederlands en geeft hen het gevoel dat hun identiteit volledig aanvaard wordt. Als leerlingen hun thuistaal mogen gebruiken op school, dan voelen ze zich vaak beter op school. Dat komt omdat de thuistalen van leerlingen ook deel uitmaken van hun identiteit en cultuur. Of zoals Cummins (2001, p. 19) het reeds zei: "Als je de thuistaal van een kind verwerpt, dan verwerp je ook het kind zelf." Het welbevinden van leerlingen is een niet te onderschatten factor aangezien kinderen een groot deel van hun tijd op school doorbrengen. We kunnen dus stellen dat het toelaten van thuistalen op school uiteindelijk kan resulteren in verhoogde leermotivatie en schoolprestaties bij deze leerlingen. En ouders kunnen zich meer bewust worden van het feit dat ze hun kinderen bij hun huiswerk kunnen bijstaan in de taal die ze het beste kunnen, wat kan leiden tot een hogere mate van ouderbetrokkenheid bij de school.

Talensensibilisering vergroot alvast het talig bewustzijn. Naast talensensibilisering zijn er nog meer manieren om meertaligheid daadwerkelijk in te zetten in het onderwijs. Leerlingen bezitten een talig repertoire dat bestaat uit verschillende talen en taalvariëteiten. De uitdaging ligt niet alleen in de bewustmaking van deze talen, maar ook in het uitzoeken van methoden waarop deze talen ingezet kunnen worden in het leerproces van leerlingen om zo hun kennis, vaardigheden en leerstrategieën te vergroten. Leerlingen die hun thuistalen op school mogen gebruiken, kunnen hierdoor zowel de leerstof beter begrijpen als bijleren over de instructietaal, het Nederlands. Meer zelfs, leerlingen halen voordelen uit het feit dat ze meerdere talen kunnen, aangezien ze op verschillende manieren hun leerstof benaderen en hun talige vaardigheden verder ontwikkelen. In dit geval is de som, namelijk meertalig zijn, meer dan het geheel van de delen, namelijk de verschillende talen die de leerlingen kunnen. Als een leerling bijvoorbeeld iets niet begrijpt, dan kan een andere leerling bijkomende uitleg of een korte vertaling geven van de te begrijpen leerstof in hun gemeenschappelijke thuistaal. Hierdoor kan het ene kind tot een beter begrip van de leerstof komen, terwijl het andere kind leert uitleggen, de leerstof vertaalt en nadenkt over de woordvolgorde in de verschillende talen. Men spreekt hierbij van functioneel veeltalig leren. Dat houdt in dat het talige repertoire van elke leerling wordt aangeboord als een bron voor leren. In het bijzonder kunnen meertalige leerlingen hun thuistaal effectief inzetten als een hefboom om nieuwe informatie diepgaand te verwerven en tezelfdertijd het Nederlands beter onder de knie te krijgen. Deze manier van leren veronderstelt een leeromgeving waarin leerlingen de plaats krijgen om te interageren met elkaar, zonder dat dit volledig gestuurd wordt door leerkrachten.

We kunnen concluderen dat, net zoals de door ons omringende landen, het talenbeleid in de Vlaamse scholen vormgegeven is door haar geschiedenis en hierdoor niet steeds rekening houdt met de groeiende talige diversiteit in de samenleving. Het talenbeleid in Vlaanderen vertrekt vanuit het idee dat leerlingen het best Nederlands leren door volledig ondergedompeld te worden in een taalbad. Hierbij is er vaak weinig of geen ruimte voor het gebruik van de thuistalen van alle leerlingen. Doordat die ruimte niet wordt gecreëerd in het onderwijs is het voor sociolinguïsten juist een boeiend onderzoeksterrein. Dat bemoeilijkt onderzoek naar meertalig onderwijs in Vlaanderen. Ondanks verscheidene taalinitiatie- en taalsensibiliseringsprojecten, wordt meertaligheid maar beperkt ingezet in het Vlaamse onderwijs.

1.4 HET VALIDIV-PROJECT UITGELICHT

In het Validiv-project zijn we aan de slag gegaan met de talige repertoires die leerlingen zelf al bezitten en hebben we de talige diversiteit in het basisonderwijs benut. Het Validiv-project bouwt verder op het bestaande internationale en nationale onderzoek. Dit project is uniek in die zin dat er gebruik gemaakt wordt van een geïntegreerde aanpak ten aanzien van meertaligheid op school. Deze aanpak vertrekt vanuit de ervaringen van leerlingen en kan ook toegepast worden in alle klassen. Waar eerdere projecten zich vooral gericht hebben op het stimuleren en het ontwikkelen van de thuistaal van leerlingen die thuis niet alleen Nederlands spreken, bouwt het Validiv-project verder op het thuistaalproject. In deze projecten is het de bedoeling om – ongeacht hun thuistaal – alle leerlingen te betrekken.

Het project bestaat uit twee, elkaar aanvullende delen. Een eerste deel betreft de ontwikkeling van materialen die leerkrachten, begeleiders en scholen uitnodigen om na te denken over het gevoerde talenbeleid op hun school en om te gaan met de aanwezige meertaligheid. Een tweede deel van dit project is gericht op het bestuderen van de aanwezige talige diversiteit op school en het nagaan of de door ons ontwikkelde materialen hierbij ondersteuning bieden. Hierbij geven we een selectie van de vragen die aan bod kwamen in het project: als leerlingen onderling hun thuistaal mogen spreken, en de leerkracht begrijpt de thuistaal niet, over wat spreken ze dan? Is het organisatorisch mogelijk om alle leerlingen alle talen te laten spreken die ze willen? Leidt het toelaten van alle talen op school tot uitsluiting van de leerlingen die deze taal niet spreken? Hangt het succes van het inzetten van meertaligheid in de klas af van de context? Wat is de invloed hiervan op het welbevinden van leerlingen op school? Hoe moet schoolpersoneel dat organisatorisch aanpakken? Wat zijn de struikelblokken bij het aanpassen van een talenbeleid? Deze vragen en bezorgdheden borrelen vaak spontaan op als het gaat over meertaligheid en zijn vaak terecht, aangezien we hier nog weinig over weten in de Vlaamse context.

1.5 HET CONCEPT 'MEERTALIGHEID'

In dit boek hebben we gekozen om gebruik te maken van de termen 'Nederlandstalige' en 'meertalige' leerlingen om een onderscheid te maken tussen leerlingen naargelang de talen die zij voornamelijk spreken. Het is niet altijd gemakkelijk om een gepaste term te vinden die exact beschrijft welke talen leerlingen spreken, aangezien iedereen meertalig is. Leerlingen die thuis vooral Nederlands spreken, zijn meertalig, aangezien ze vaak gebruik maken van verschillende taalvariëteiten en ook noties hebben van vreemde talen, al dan niet omdat ze deze op school hebben geleerd. Denk hierbij maar aan taalinitiatie in de kleuterklas, de lessen

Frans in het lager onderwijs of de kennis van het Engels die leerlingen opdoen via televisieprogramma's en het internet. Tegelijkertijd zijn leerlingen die thuis vooral een andere taal spreken dan het Nederlands ook Nederlandstalig. Deze leerlingen spreken Nederlands op school met de leerkracht en hun vriendjes, en vaak ook thuis met andere leden van het gezin. We hebben ervoor geopteerd om een onderscheid te maken tussen twee groepen van leerlingen op basis van de mate waarin ze bepaalde talen spreken thuis, dit om de leesbaarheid over de verschillende hoofdstukken heen te verhogen. De term 'Nederlandstalige' leerlingen verwijst in dit boek naar leerlingen die thuis vooral Nederlands spreken. Dialecten en alle taalvariëteiten in het Nederlands behoren hier ook toe. 'Meertalige' leerlingen zijn leerlingen die thuis, naast het Nederlands, vaak ook nog een andere taal spreken.

In hoofdstuk 2 geven we een overzicht van de gebruikte methoden en de verzamelde data voor het Validiv-project. In de daaropvolgende hoofdstukken zullen we steeds één bepaald vraagstuk rond meertaligheid en talige diversiteit op school belichten en dit vraagstuk uitgebreid bespreken. Deze hoofdstukken geven de resultaten van wetenschappelijk werk op een overzichtelijke manier weer. We hebben ervoor gekozen om het aantal referenties beperkt te houden per tekst. Een overzicht van de wetenschappelijke artikels waarop deze hoofdstukken gebaseerd zijn en de gebruikte referenties kan men achteraan elk hoofdstuk terugvinden.

REFERENTIES

Agirdag, O. (2015). Onderwijsongelijkheid evidence-based aanpakken: Eentalige taalremediëring of meertalige taalvalorisering? *Tijdschrift voor Onderwijsrecht en Onderwijsbeleid, 13*(4), 85-94.

Agirdag, O., Jordens, K., & Van Houtte, M. (2014). Speaking Turkish in Belgian Schools: Teacher Beliefs versus Effective Consequences. *Bilig – Journal of Social Sciences of the Turkish World, 70*(3), 7-28.

Blommaert, J., & Van Avermaet, P. (2008). *Taal, onderwijs, en de samenleving: De kloof tussen beleid en realiteit*. Berchem: EPO.

Cummins, J. (1979). Linguistic interdependence and the educational development of bilingual children. *Review of Educational Research, 49*(2), 222-251.

Cummins, J. (2001). Bilingual children's mother tongue: Why is it important for education? *Sprogforum, 19*, 15-20.

Garcia, O. (2009). *Bilingual education in the 21st century: A global perspective*. Oxford, UK: Wiley-Blackwell.

Garcia, O., & Wei, L. (2014). *Translanguaging. Languaging, bilingualism and education*. New York: Palgrave.

Pulinx R., Van Avermaet, P., & Agirdag O. (2016). Silencing linguistic diversity: The extent, the determinants and consequences of the monolingual beliefs of Flemish teachers. *International Journal of Bilingual Education and Bilingualism*. DOI:10.1080/1367005 0.2015.1102860.

Ramaut, G., Sierens, S., Bultynck, K., Van Avermaet, P., Slembrouck, S., Van Gorp, K., & Verhelst, M. (2013). *Evaluatieonderzoek van het project "Thuistaal in onderwijs" (2009-2012): eindrapport maart 2013*. Gent: Steunpunt Diversiteit & Leren, Universiteit Gent.

Sierens, S., & Van Avermaet, P. (2010). Taaldiversiteit in het onderwijs: van meertalig onderwijs naar functioneel veeltalig leren. In P. Van Avermaet, K. Van den Branden, & L. Heylen (red.), *Goed gegokt? Reflecties op twintig jaar gelijke-onderwijskansenbeleid in Vlaanderen* (pp. 45-64). Garant: Antwerpen.

Vandecandelaere, H. (2012). *In Brussel. Een reis door de wereld.* Berchem: EPO.

Verhaeghe, P.-P., Van der Bracht, K., & Van de Putte, B. (2012). *Migrant zkt toekomst. Gent op een keerpunt tussen oude en nieuwe migratie.* Antwerpen-Apeldoorn: Garant.

Hoofdstuk 2

De onderzoeksmethoden en ontwikkelde Validiv-instrumenten

Lore Van Praag, Julie Van den Bossche, Sven Sierens, Orhan Agirdag

2.1 INTRODUCTIE

Het doel van het Validiv-project was tweevoudig. Ten eerste wilden we de be-staande talendiversiteit en talige repertoires van leerlingen in kaart brengen in basisscholen in Vlaanderen. Ten tweede wilden we die talige diversiteit en reper-toires benutten in onderwijspraktijken op scholen. De bedoeling was hierbij om aandacht te besteden aan de leerling-, klas-, school- en beleidscontext. Aangezien in de meeste scholen in Vlaanderen een eentalig beleid van toepassing is, waar-bij het enkel toegelaten is om Nederlands te spreken, is het niet zo eenvoudig om meertaligheid te onderzoeken in het Vlaamse onderwijs. Het is bijvoorbeeld niet mogelijk om te bestuderen hoe leerlingen zich voelen op school als ze hun thuistalen mogen inzetten, als dit in de meeste scholen niet toegelaten is. Daarom moesten we eerst scholen zoeken die bereid waren om – onder begeleiding van de medewerkers van het project – de thuistalen van leerlingen een plaats te geven op school. We ontwikkelden een aantal instrumenten om de leeromgeving te verster-ken door alle talige kennis die aanwezig is in de klas aan te wenden. Onderzoekers uit verschillende disciplines (sociologie, onderwijskunde en taalkunde) verzamel-den data in scholen uit verschillende regio's, afkomstig uit alle onderwijsnetten en met een voldoende aanwezigheid van talige diversiteit. We hebben hiervoor gebruik gemaakt van kwalitatieve onderzoeksmethoden, zoals interviews, video-observaties en experimentele groepswerken met leerlingen, het opvolgen van de activiteiten van leerlingen in een digitale leeromgeving en een grootschalige survey waarbij zowel leerlingen, leerkrachten, directie als ouders bevraagd werden. Om de volgende hoofdstukken beter te kunnen plaatsen en begrijpen gaan we in dit hoofdstuk in op de onderzoeksopzet van de Validiv-data. We bespreken hierbij de keuzes voor de regio's in België waarin we data verzamelden. We geven een over-zicht van de kwalitatieve en kwantitatieve dataverzameling. Tot slot bespreken we de ontwikkelde Validiv-instrumenten en de begeleiding van de scholen door de Validiv-medewerkers.

2.2 REGIO'S

We hebben drie regio's geselecteerd als startpunt voor de dataverzameling van het Validiv-project: Gent, Brussel en de Limburgse mijngemeenten. Daarbij richtten we ons op scholen die deel uitmaken van de Nederlandstalige gemeenschap zodat ze beter vergelijkbaar zijn met elkaar. De regio's verschillen van elkaar met betrekking tot de grootte en de diversiteit van de migrantengemeenschappen en de taalcontext, zowel binnen als buiten de scholen.

2.2.1 MIGRANTENGEMEENSCHAPPEN

Ondanks een algemene groei van het aantal immigranten in België is het toch belangrijk om te kijken naar de specifieke kenmerken van de verschillende regio's in België. Zo krijgen we een beter zicht op de bestaande migrantenpopulaties op school. Door de bijzondere kenmerken van elke regio, zoals de aanwezige industrie en migrantengemeenschappen, zijn migrantengroepen niet gelijk verspreid over België. Deze kenmerken zorgen voor specifieke migratiepatronen die de etnische en talige diversiteit per regio mee bepalen.

De eerste regio die we selecteerden was Limburg. De Limburgse mijngemeenten verwelkomden eerst Italiaanse en daarna veel Turkse gastarbeiders. Na verloop van tijd vertrok een deel van deze Italiaanse gastarbeiders en brachten de Turkse gastarbeiders hun families over. Hierdoor ontstond er een homogene Turkse gemeenschap naast een kleinere Italiaanse gemeenschap. Als tweede regio kozen we voor Gent. Ook hier zien we dat de Turkse gemeenschap in de loop der jaren verder aangroeide. In Gent streken er veel Turkse migranten neer die afkomstig zijn uit kleinere steden. Doordat deze migranten via gezinshereniging en huwelijksmigratie familie lieten overkomen uit dezelfde kleinere steden, heeft dit geleid tot een grote groep van mensen die afkomstig zijn uit één specifieke plaats. De Turkse gemeenschappen in Limburg en Gent zijn op vlak van achtergrondkenmerken vaak erg homogeen, waardoor zich hechte migrantengemeenschappen vormen. Toch is de etnische diversiteit in Gent groter dan in de Limburgse mijngemeenten. Naast Turkse migranten zijn er in Gent ook veel migranten die afkomstig zijn uit stedelijke Arabische gebieden en Berberse gebieden in het Rifgebergte, en de laatste jaren ook uit Oost-Europa. Deze groep van Marokkaanse migranten is veel heterogener en spreekt vaak niet dezelfde taal. Een derde regio die we selecteerden voor ons onderzoek is Brussel. In vergelijking met de twee andere regio's groeide de concentratie migranten, afkomstig uit allerlei streken, in Brussel pas later. Deze groei was niet enkel het resultaat van toenemende migratiestromen, maar ook van het vertrek van vele Brusselaars. Door de populariteit van de auto en de toenemende koopkracht verhuisden steeds meer mensen naar de rand van de stad. Dat heeft geleid tot een in verhouding steeds groter wordende groep van migranten die de hoofdstad bevolken, wat zich weerspiegelt in de talige samenstelling van de scholen.

Samenvattend kunnen we stellen dat de drie geselecteerde regio's een toename kennen op vlak van migrantenstroom, voornamelijk na de Tweede Wereldoorlog. Deze migranten kwamen oorspronkelijk tijdelijk naar België om te werken in de Belgische industrie, waaronder in de steenkoolmijnen. In de loop der jaren verhuisden deze migranten ook naar andere steden in België. Dat werd mee ingegeven door de arbeidstekorten van de industrieën in deze regio's en de bestaande migrantengemeenschappen. Er kwamen meer migranten door processen van gezinshereniging en per stad of regio kwamen specifieke migrantengemeenschappen tot stand. Waar er in de Limburgse mijngemeenten voornamelijk hechte Turkse migrantengemeenschappen uit Turkije (en in mindere mate uit Italië) terug te vinden zijn, zien we dat in Gent en Brussel een diverse migrantenpopulatie tot stand kwam. In Gent zijn er nog erg hechte, homogene migrantengemeenschappen terug te vinden, terwijl de migrantenpopulatie in Brussel erg divers is en een steeds groter deel uitmaakt van de Brusselse bevolking.

2.2.2   TAALCONTEXT

Naast de verschillen in de migratiegeschiedenis en kenmerken van de migratiegemeenschappen van de drie regio's kozen we ervoor om verschillende talige omgevingen te selecteren. Waar men in de Limburgse mijngemeenten en in Gent zowel binnen als buiten de school voornamelijk Nederlands spreekt, is dat niet het geval voor de Nederlandstalige Brusselse scholen. In de Brusselse scholen is de instructietaal Nederlands. Buiten de schoolpoort spreken mensen echter meer Frans dan Nederlands. Door Nederlandstalige scholen in Limburgse mijngemeenten, Gent en Brussel te selecteren, konden we beter rekening houden met de invloed van de omgeving op schoolprocessen en het talenbeleid van scholen. Naast de talige omgeving van de school zien we ook dat de talige samenstelling van de scholen in deze regio's verschilt van elkaar.

In Limburg liepen al langer projecten die – naast de schooluren – onderwijs aanboden in de thuistaal van leerlingen met een migratieafkomst. Initieel waren deze projecten gericht op een succesvolle integratie van deze leerlingen in hun land van herkomst. Toen bleek dat deze families zich permanent zouden vestigen in België werden deze initiatieven geleidelijk aan afgebouwd. In de Limburgse regio richtte men zich soms specifiek op het onderwijzen van één bepaalde taal, namelijk het Turks, aangezien er een erg grote groep van leerlingen aanwezig is die deze taal thuis spreekt. Ook in Gent is er een grote groep leerlingen die thuis Turks spreekt. Maar dat is niet de enige taal die leerlingen thuis gebruiken, naast het Nederlands. Het is

21

dan ook een uitdaging om de thuistalen van alle leerlingen aan bod te laten komen in de klas. Deze grotere diversiteit aan talen zorgt voor een bijkomende moeilijkheid in het toelaten van thuistalen in de klas. Men moet dus creatief te werk gaan en de bestaande onderwijspraktijken hiervoor in vraag stellen. De grote variatie in thuistalen van leerlingen zorgt ook voor specifieke dynamieken tussen leerlingen onderling, bijvoorbeeld bij het maken van vrienden. Als laatste worden de Nederlandstalige scholen in Brussel gekenmerkt door een grote variatie van leerlingen met een verschillende migratieachtergrond. De situatie in Brussel is erg specifiek en zorgt daarom voor een interessante onderzoekscontext voor de studie naar taalgebruik. In Brussel zijn er twee cultuurgemeenschappen actief, die instaan voor onderwijs. De officiële instructietaal op school, Nederlands of Frans, hangt samen met de keuze van de school. Ondanks de vrije taalkeuze is Frans de lokale dominante taal in Brussel. Veel scholen willen echter het Nederlandstalige karakter van hun school behouden en benadrukken. Dat leidt tot een erg duidelijke opvolging van het talenbeleid van de school. Frans is dominant zodra een leerling buiten de schoolpoort van de Nederlandstalige school komt. Daarnaast speelt de koloniale Franstalige invloed in verschillende herkomstlanden van leerlingen met een migratieachtergrond een rol. Hierdoor wordt het Frans de lingua franca onder leerlingen die het Nederlands niet als eerste taal spreken. Deze leerlingen spreken, naast andere talen, vaak ook Frans thuis of met hun vrienden. Dat zorgt dan opnieuw voor een andere talige dynamiek in vergelijking met de Limburgse mijngemeenten en Gent.

Concluderend zijn er dus verschillende redenen waarom we focussen op deze drie regio's. De regio's hebben een verschillende migrantenpopulatie. Hierdoor kunnen we scholen vergelijken in de mate waarin leerlingen eenzelfde afkomst hebben en een gemeenschappelijke thuistaal delen. Als er grotere, homogene migrantengroepen aanwezig zijn in eenzelfde regio en dus ook in scholen, dan bestaat er onder leerlingen op school ook de mogelijkheid om met elkaar in het Nederlands of in een bepaalde thuistaal te spreken. Vervolgens verschillen de geselecteerde regio's naargelang de dominante taal van de omgeving van de school en de aanwezige talige repertoires van de leerlingen op school. Deze regio's zorgden dus voor een interessante invalshoek om meertaligheid op school te bestuderen. In de volgende pagina's gaan we dieper in op de manieren waarop we onze data verzamelden. Deze data lieten ons toe om meer inzichten te verwerven in de talige diversiteit op school. De dataverzameling kan in twee grote delen onderverdeeld worden: een kwantitatief en een kwalitatief luik.

2.3   KWANTITATIEVE DATAVERZAMELING

We trokken een steekproef van scholen uit de eerdergenoemde regio's. Om een adequate steekproef te trekken, vroegen we eerst de beschikbare gegevens van scholen op bij het Vlaams Ministerie van Onderwijs en Vorming. Zo hadden we een overzicht van een aantal kenmerken van scholen in de populatie. In totaal bleken er 250 scholen aanwezig te zijn in de drie regio's. We streefden ernaar om de steekproef van scholen te laten bestaan uit één derde scholen met minder dan 10% anderstalige leerlingen (hierna: dominant Nederlandstalige scholen), één derde scholen met tussen 10 en 50% anderstalige leerlingen (hierna: gemengde scholen), en één derde scholen met tussen 50 en 100% anderstalige leerlingen (hierna: dominant anderstalige scholen). Het percentage anderstalige leerlingen werd bepaald aan de hand van de taal die de leerling spreekt in zijn/haar gezin. Volgens het Vlaams Ministerie van Onderwijs en Vorming spreekt een leerling in het gezin niet de onderwijstaal, indien de leerling in het gezin met niemand of (de leerling niet meegerekend) met maximaal één gezinslid die onderwijstaal spreekt. Broers en zussen worden hierbij als één gezinslid beschouwd.[1]

Uiteindelijk selecteerden we 212 scholen. We lichtten deze scholen eerst via een brief in over het project en stelden hen de vraag of ze wilden deelnemen aan het onderzoek. Daarna namen we telefonisch contact op. De helft van de scholen fungeerde als projectschool, wat inhield dat zij de Validiv-instrumenten mochten gebruiken. De andere helft van de scholen fungeerde als controleschool, zonder implementatie van de Validiv-instrumenten. Zij namen alleen deel aan de pretest en de posttest. Van de 212 scholen accepteerden er 64 scholen (67 vestigingsplaatsen) om deel te nemen aan het onderzoek en 148 scholen weigerden. Dat betekent dat 31% van de scholen die we contacteerden, wilde deelnemen aan het onderzoek. De kans om al dan niet in te stappen in het onderzoek was vergelijkbaar (steeds rond de 30%) voor scholen uit de verschillende regio's, voor scholen met verschillende talige composities, voor scholen uit verschillende netten en voor scholen met een verschillende valorisatiedoelstelling (projectschool of niet).

Initieel streefden we ernaar om scholen met een verschillende talige samenstelling (dominant anderstalige, dominant Nederlandstalige en gemengde scholen) gelijkmatig te verdelen over de drie regio's. Dat bleek theoretisch onmogelijk te zijn, omdat er geen dominant Nederlandstalige scholen zijn in de regio Brussel en het aantal dominant anderstalige scholen beperkt is in Gent. We zijn daarom gedeeltelijk afgestapt van dit voorstel. Hierdoor zijn in onze steekproef de dominant anderstalige scholen oververtegenwoordigd in Brussel en de dominant Nederlandstalige scholen oververtegenwoordigd in Gent (figuur 2.1). We hebben 24 scholen bevraagd in Brussel, 22 in Gent en 21 in Limburg. In onze steekproef waren er 37 scholen van het vrije net, 17 gemeenschapsscholen en 13 stadsscholen.

---

1. Deze definitie die werd opgesteld door het Vlaams Ministerie van Onderwijs en Vorming is afkomstig van http://www.ond.vlaanderen.be.

Figuur 2.1. Verdeling van de meertalige leerlingen per regio in onze steekproef.

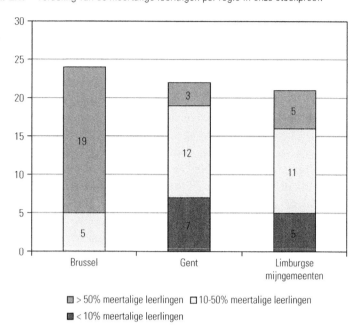

■ > 50% meertalige leerlingen □ 10-50% meertalige leerlingen
■ < 10% meertalige leerlingen

De leerlingen vulden vragenlijsten in en legden testen af van begrijpend lezen, wereldoriëntatie en algemeen redeneren tijdens de lesuren. Alle leerkrachten en directies kregen een vragenlijst en een envelop om hun ingevulde vragenlijst terug te bezorgen aan het secretariaat. De ouders van de leerlingen kregen via hun kind een vragenlijst en een envelop. Voor meertalige leerlingen waren er Turkse en Franse vertalingen van de oudervragenlijsten voorzien. De leerlingen brachten de ingevulde vragenlijsten terug naar school. Ongeveer twee weken later werden de leerkrachten-, directie- en oudervragenlijsten opgehaald in de scholen. De leerkrachten en de ouders die de vragenlijst niet hadden ingevuld kregen een herinneringsbrief. Tijdens het project volgden we ook de activiteiten op van de leerlingen terwijl ze werkten in de meertalige digitale leeromgeving die we ontworpen hebben (zie Hoofdstuk 4 over E-Validiv). Zo zagen we bijvoorbeeld hoelang leerlingen deden over een bepaald thema in deze leeromgeving of welke talen ze hiervoor gebruikten.

We hebben de scholen in onze steekproef twee keer bevraagd. De eerste dataverzameling liep van september 2012 tot november 2012 en heeft plaatsgevonden in 67 vestigingsplaatsen, bij 1 761 leerlingen van het vierde leerjaar, 1 562 ouders, 1 255 leerkrachten en 58 directieleden. De tweede dataverzameling liep van april 2014 tot juni 2014 en werd uitgevoerd in dezelfde scholen. Dat resulteerde in een steekproef van 1 648 leerlingen uit het vijfde leerjaar, 1 000 leerkrachten en 56 directieleden (de ouders werden enkel bij de eerste dataverzameling bevraagd). Tijdens deze periode hebben enkele scholen hun deelname voor het project stopgezet of wilden ze minder intensief deelnemen aan het project: vier scholen stopten hun deelname, twee projectscholen wilden enkel nog als controlescholen deelnemen. Dat resulteerde in een deelname van 63 vestigingsplaatsen. In de periode tussen de twee bevragingen kregen 35 scholen begeleiding bij het implementeren van de Validiv-instrumenten.

We gebruikten deze data in de hoofdstukken 4, 6, 7 en 8. Deze data werden geanalyseerd aan de hand van multilevel regressieanalyse. Hierdoor konden we beter rekening houden met het feit dat bepaalde schoolkenmerken op zich ook een invloed kunnen uitoefenen op de leerlingen die les volgen in die school.

2.4 KWALITATIEVE DATAVERZAMELING

De kwalitatieve dataverzameling bestond uit drie verschillende deelonderzoeken. Het eerste deelonderzoek richtte zich op de studie van de manieren waarop leerlingen hun thuistalen inzetten in een taakgerichte omgeving. Een tweede deelonderzoek ging na hoe meertaligheid wordt ingezet in een klascontext en hoe dat verschilt naargelang het gevoerde talenbeleid op school. Als laatste en derde deelonderzoek geven we meer informatie over de plaats die meertaligheid inneemt op de scholen die deelnamen aan het Validiv-project.

2.4.1 EERSTE DEELONDERZOEK (ZIE HOOFDSTUK 3)

Het eerste kwalitatieve deelonderzoek onderzocht de introductie van thuistalen bij het uitvoeren van verschillende soorten taken, waarbij de thuistaal gebruikt kan worden. Om het gebruik van de talige repertoires van leerlingen optimale kansen te geven, werkten we in een taakgerichte leeromgeving. Deze omgeving is een veilige leeromgeving waarin alle talen verwelkomd werden en waarin functionele, motiverende en uitdagende taken uitgevoerd werden. In deze omgeving gingen meertalige kinderen aan de slag met hun volledige talige repertoire. In het huidige deelonderzoek kregen de leerlingen hierbij ondersteuning van de onderzoekster en van medeleerlingen. De medeleerlingen hadden gelijkaardige talige repertoires, waardoor deze volledig konden worden benut in de interactie.

Twee groepen van telkens vier leerlingen (tweetalig Turks-Nederlands) namen deel aan de studie en werden gevolgd vanaf het vierde tot het zesde leerjaar. Elk groepje leerlingen ging naar een andere school. De leerlingen mochten op de twee scholen enkel Nederlands spreken. De scholen hadden wel een andere samenstelling als het gaat over de talen die de leerlingen spreken. In de ene school was ongeveer de helft van de leerlingen meertalig (we noemen die school 'de groene school'); in de andere school waren bijna alle leerlingen meertalig ('de blauwe school'). In beide scholen zijn de meertalige leerlingen bijna allemaal Turks- en Nederlandssprekend. Beide groepjes bestonden uit twee jongens en twee meisjes. De leerlingen uit de twee groepjes van vier mochten elk hun eigen pseudoniem kiezen (tabel 2.1).

Tabel 2.1. Zelfgekozen pseudoniemen van de acht geselecteerde leerlingen per school.

	Groene groep	Blauwe groep
Meisjes	Mira	Melisa
	Nuran	Selina
Jongens	Doğukan	Ali
	Ozan	Kerem

Met uitzondering van Melisa zijn al deze kinderen in België geboren. Melisa verhuisde naar België toen ze drie was. Op het moment van het groepswerk hadden alle leerlingen minstens zeven jaar les gekregen in het Nederlands. Deze leerlingen hebben allemaal een gelijkaardige socio-economische achtergrond: hun ouders zijn arbeiders of zijn werkloos.

De groepjes van vier uit de groene en de blauwe school werden in totaal elk elf keer door de onderzoekster uit de klas gehaald om deel te nemen aan een groepswerk en interviews. In totaal waren er dus elf contactmomenten. Daarvan werden er drie contactmomenten (het eerste, één in het midden en het laatste) volledig besteed aan het afnemen van interviews, focusgroepen en werkvormen rond Turkse roots en taal. De leerlingen moesten bijvoorbeeld tijdens het eerste contactmoment een talenportret tekenen. Ze kregen daarvoor een blad met een blanco mannetje dat ze mochten inkleuren zoals hun talen in hun lichaam zitten. Dat werd dan later besproken in de groep. Daarna vonden er acht groepswerken plaats. Deze werden telkens gevolgd door korte interviews of focusgroepjes, specifiek gericht op de net uitgevoerde taak. Tijdens die momenten mochten de leerlingen alle talen inzetten die ze wilden. Het was belangrijk voor deze studie dat de groepjes leerlingen heel goed wisten dat ze naast Nederlands ook Turks mochten gebruiken, ondanks het feit dat de onderzoekster zelf geen Turks kon. Hierdoor had de onderzoekster ook een inzicht in de ervaring van leerkrachten bij het inzetten van de thuistalen van leerlingen in de klas. Aan het schoolbeleid zelf was fundamenteel niets veranderd. Turks was binnen de schoolmuren in principe niet toegelaten. Op deze meertalige eilandjes in die eentalige zee waren de regels anders: Nederlands mag, Turks mag ook, een andere taal mag ook. Alle taakinstructies, zoals de uitleg, ondersteuning en vragen tijdens het interview, werden gegeven in het Nederlands, net zoals in een gewone Vlaamse klas. Om de kinderen te laten voelen dat ze tijdens de dataverzameling écht Turks mochten gebruiken, werd er op voorhand telkens een kort gesprekje gedaan over de Turkse taal, cultuur en gewoonten. Tijdens deze gesprekken leerden de leerlingen de onderzoekster bijvoorbeeld enkele woordjes Turks, be-spraken ze de uitnodiging voor een Turks trouwfeest en zongen ze Turkse liederen.

We maakten een video- en een audio-opname van elk contactmoment met de leerlingen. Deze opnames van de leerlingen én de onderzoekster werden allemaal letterlijk uitgeschreven. Dat gebeurde met de hulp van een tweetalige vertaler, die het Turks uitschreef, vertaalde naar het Nederlands en er uitleg bij gaf waar nodig. Soms zongen de kinderen bijvoorbeeld een Turks lied; de vertaler schetste dan de context waarin dat lied gezongen wordt.

De gebruikte talen in de conversaties tijdens het groepswerk werden gecodeerd per 'beurt in de conversatie' ('conversational turn') en start wanneer iemand begint te spreken tot deze persoon stopt of onderbroken wordt door een volgende spreker. Elke beurt kreeg eerst een talige code, zoals 'Turks', 'Nederlands', 'een mix van Turks en Nederlands'. In totaal werd al het materiaal omgezet in ongeveer 16 000 beur-ten, die allemaal een talige code kregen. Per taak kwam dat neer op ongeveer 1 000 beurten. Daarna selecteerden we drie schoolse taken waarbij leerlingen met vier aan een tafel samenwerkten aan een opdracht binnen het vak taal of wereldoriëntatie (taken 1, 3 en 6). Het doel hiervan was om de functies van het Turks diepgaander te analyseren. We kozen voor drie meer schoolse taken, precies om na te gaan of thuistaalgebruik in deze meer formele context een meerwaarde zou kunnen hebben voor het leerproces en op welke manier deze thuistaal ingezet zou worden. Om de beleving van de kinderen in kaart te brengen, analyseerden we alle transcripties om uit te zoeken welke thema's belangrijk zijn voor de leerlingen, welke rode draden terugkeren, welke tegenstellingen we vinden en hoe thema's zich verhouden.

2.4.2   TWEEDE DEELONDERZOEK (ZIE HOOFDSTUK 5)

Het Vlaamse onderwijs mag dan wel gekenmerkt worden door een eentalig beleid, de realiteit is echter niet eentalig. In dit tweede deelonderzoek vragen we ons af hoe beleid en realiteit met elkaar verzoend worden en gaan we na of en hoe meertalig-heid tot uiting komt in twee verschillende regio's.

Op basis van drie criteria werden twee klassen geselecteerd (zie tabel 2.2). Eerst en vooral opteerden we voor scholen in een superdiverse stedelijke context, in dit geval Gent en Brussel. In Gent is 29.4% van de inwoners van vreemde afkomst.[2] In Brussel varieert het aantal inwoners van vreemde afkomst echter sterk van ge-

---

2.   Lokale Inburgerings- en Integratiemonitor Gent (2015). Geraadpleegd op 25 novem-ber 2015 op http://www4dar.vlaanderen.be/sites/svr/Monitoring/Pages/integratiemo-nitor.aspx.

meente tot gemeente: in Sint-Gillis, de gemeente waar de geselecteerde school zich bevindt, is 78% van de inwoners van vreemde afkomst.[3] De talige context in beide scholen is echter ook verschillend: in Gent is de dominante omgevingstaal het Nederlands, in Brussel is dat vooral het Frans.

Tabel 2.2.   De Gentse en de Brusselse klas.

Klas	Gentse klas	Brusselse klas
Aantal leerlingen	17 leerlingen	13 leerlingen
Andere talen naast Nederlands die gesproken worden	Engels, Spaans, Arabisch, Bulgaars, Turks Grootste groep spreekt Turks	Frans, Congolees, Arabisch, Spaans, Pakistaans Lingua franca: Frans
Beleid	Thuistalen zijn toegelaten	Thuistalen zijn niet toegelaten in de klas

Aansluitend bij de diverse etnische en talige omgevingen, selecteerden we scholen die de talige diversiteit van de bredere context weerspiegelden. De Gentse klas bestaat uit 17 leerlingen met een waaier aan thuistalen: Engels, Spaans, Arabisch, Bulgaars. De meerderheid van de leerlingen deelt echter Turks als thuistaal. In de Brusselse klas zitten 13 leerlingen die allemaal een of meerdere thuistalen hebben. Geen enkele leerling in deze twee klassen heeft Nederlands als enige thuistaal. Als laatste werden de klassen gekozen in scholen met een totaal andere visie op het beleid rond meertaligheid. De Gentse school heeft een open beleid tegenover meertaligheid: andere talen dan het Nederlands zijn welkom en mogen gebruikt worden in de klas. In de Brusselse school worden andere talen toegelaten op de speelplaats, maar in de klas is het gebruik ervan niet toegelaten.

De twee klassen, die zich situeerden in twee verschillende stedelijke contexten (Brussel en Gent), werden diepgaand onderzocht en gedurende eenzelfde schooljaar gevolgd. We maakten video-opnames van dagelijkse klassituaties en vulden die aan met interviews van leerkrachten en leerlingen uit het vierde leerjaar. De eerste veldwerkperiode resulteerde in acht veldwerkdagen in de school in Brussel en negen veldwerkdagen in de school in Gent. Het veldwerk bestond uit video- en audio-opnames van klasinteracties en ook interviews met leerkracht en leerlingen, participerende observaties. De verzamelde videofragmenten werden zorgvuldig uitgeschreven en geanalyseerd op eenzelfde manier als in het eerste deelonderzoek. De conversaties werden vertaald waar nodig en opgedeeld naargelang de gebruikte taal, het onderwerp waarvoor leerlingen een bepaalde taal gebruikten en ook groepsindeling werd

---

3.   Datawarehouse arbeidsmarkt en sociale bescherming (2015). Geraadpleegd op 25 november 2015 op https://www.bcss.fgov.be/nl/dwh/homepage/index.html.

bekeken. Hierdoor kon de onderzoekster meer inzicht verkrijgen in het taalgebruik van de leerlingen. Meer bepaald werd gekeken wanneer leerlingen een bepaalde taal of combinatie van talen gebruikten, wanneer ze van taal veranderden en wat de invloed was van de context op het taalgebruik van leerlingen.

2.4.3 DERDE DEELONDERZOEK (ZIE HOOFDSTUK 9)

Een derde deelonderzoek richt zich op de plaats van meertaligheid binnen het talenbeleid van Vlaamse basisscholen. Daarbij zoeken we een antwoord op de volgende drie vragen:
– Welke plaats krijgt meertaligheid?
– Waarom krijgt meertaligheid die plaats?
– Heeft meertaligheid een andere plaats ingenomen in het talenbeleid van scholen naar aanleiding van het Validiv-project?

Dit deelonderzoek werd uitgevoerd door een onderzoekster die de rol aannam van observerende participant in negen Limburgse scholen. De onderzoekster begeleidde scholen bij het invoeren van de Validiv-instrumenten op school.

Een eerste aspect van de dataverzameling was erop gericht om via documentenanalyse de plaats van meertaligheid in het talenbeleid van de scholen in kaart te brengen. De officiële communicatie over het talenbeleid via de schoolwebsite, het schoolreglement en taalbeleidsdocumenten werden verzameld. Een tweede aspect van de dataverzameling focuste op hoe meertaligheid en het talenbeleid leven in de hoofden van mensen op school. Daarvoor peilden we in interviews en overlegmomenten naar percepties van directieleden, zorgcoördinatoren en leerkrachten over het talenbeleid en de plaats van meertaligheid op school. Alle audio-opnames van interviews en overlegmomenten werden letterlijk uitgeschreven en aangevuld met veldnotities en observaties van schoolbezoeken. Zo ontstonden transcripties die een uitgebreide analyse toelieten naar rode draden, tendensen, argumenten, tegenstellingen, enzovoort. Om verschuivingen in de plaats van meertaligheid naar aanleiding van Validiv te detecteren, verzamelden en analyseerden we data op verschillende tijdstippen doorheen de Validiv-implementatie.

In de onderzoeksscholen was er een gelijkaardig verloop van de contactmomenten met de begeleidster/onderzoekster op deze school. De begeleiding van deze scholen begon in de meeste gevallen met het afnemen van de vragenlijsten voor de kwantitatieve deelonderzoeken (pretest) en werd afgesloten met een afname van de tweede vragenlijst (posttest). Na de afname van de pretesten volgde een intakegesprek en werd E-Validiv opgestart. De begeleidster ging terug naar de scholen en stelde het Validiv-project voor aan het volledige schoolteam tijdens een personeelsvergadering. Vervolgens nam het schoolpersoneel deel aan interviews over het talenbeleid, de plaats van meertaligheid op school, de verwachtingen en de doelstellingen voor het Validiv-project. Ver-

29

schillende personeelsleden werden geïnterviewd: directieleden, zorgcoördinatoren van het lager en het kleuteronderwijs, leerkrachten van het lager en het kleuteronderwijs, leerkrachten taleninitiatie (indien aanwezig). Vervolgens stelde de school samen met de begeleider een actieplan op om het Validiv-project verder vorm te geven, hierbij rekening houdend met de schooldynamiek en moeilijkheden bij het toepassen van de Validiv-instrumenten. Dit actieplan en de uitvoering ervan werden (een aantal keren) tussentijds geëvalueerd. De onderzoekster vulde deze tussentijdse evaluatie in de kernteams van de scholen aan met tussentijdse interviews. Als laatste werd er een afsluitend overleg gehouden en werden er interviews afgenomen met het schoolpersoneel. Uiteindelijk resulteerde dat in 13 tot 17 contactmomenten per school.

Negen scholen werden opgevolgd en begeleid voor dit deelonderzoek. Figuur 2.2 biedt een overzicht van het percentage leerlingen die thuis naast het Nederlands ook een andere taal gebruiken. De grootste leerlingengroepen in scholen 1, 2, 4 (vestiging a) en 6 zijn van Belgische afkomst, in scholen 3, 4 (vestiging b), 5, 7, 8 en 9 vormen de leerlingen van Turkse afkomst de grootste groep.

Figuur 2.2.   % leerlingen dat thuis niet (enkel) Nederlands spreekt.

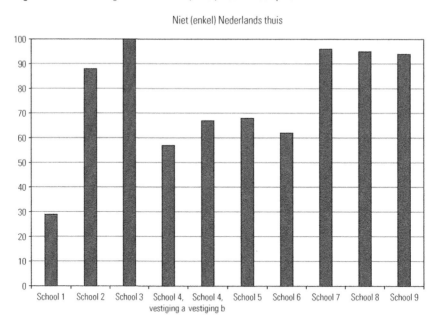

2.5   VALIDIV-ONDERSTEUNING

We selecteerden in de drie regio's verschillende scholen op basis van de migrantenpopulatie, het onderwijsnet en de talige diversiteit per school. Van alle 64 geselecteerde scholen die wilden meewerken, volgden er uiteindelijk 28 scholen ('project-scholen') een begeleiding door de medewerkers van het Validiv-project, waarbij er aandacht werd besteed aan het invoeren van meertaligheid op hun school aan de hand van verschillende Validiv-instrumenten. De ontwikkelde instrumenten zijn E-Validiv (een digitale leeromgeving), de Validiv Bagage (een ondersteunende map voor leerkrachten waarin verschillende werkvormen, begeleiding en oefeningen aan bod komen) en de Validiv Schoolbeleidsgids (een ondersteunende map voor schoolbeleidsmakers en directie). Vier begeleiders stonden de scholen bij, die ver-spreid waren over de drie regio's (negen scholen in Brussel, negen in de Limburgse mijngemeenten en acht in Gent). De begeleiders gaven de scholen meer informatie over de Validiv-instrumenten, de achterliggende ideeën van het Validiv-project en bespraken samen met het schoolteam de eerste resultaten van de vragenlijsten die werden afgenomen voor de eigenlijke start van het project. Als er voldoende draag-vlak was voor het project in de betreffende school en onvoldoende achtergrond-informatie om de Validiv-doelstellingen te realiseren in de praktijk, trachtten deze begeleiders te zorgen voor een meer intensieve begeleiding. Dat werd soms aange-vuld met bijkomende vormingsmomenten en acties die gericht waren op ouders. We bespreken kort de Validiv-instrumenten in de volgende paragrafen voordat we overgaan naar een overzicht van de gebruikte data voor het onderzoek.

2.5.1   E-VALIDIV (ZIE HOOFDSTUK 4)

E-Validiv is een meertalige digitale leeromgeving die in haar proefperiode ont-wikkeld is voor leerlingen van het vierde en het vijfde leerjaar in het Vlaamse basisonderwijs. De leeromgeving is opgebouwd uit een uitgebreid gamma van thema's omtrent wereldoriëntatie, die verder onderverdeeld zijn in verschillende subthema's. De volgende thema's komen aan bod: 'Ruimte', 'Milieu', 'Natuur', 'Li-chaam', 'Onderweg', 'Oriëntatie', 'Tijd' en 'Gezondheid'. Deze thema's zijn geba-seerd op de eindtermen van het Vlaams Departement van Onderwijs en Vorming voor het leergebied wereldoriëntatie. Vanaf het schooljaar 2015-2016 zijn dit de leergebieden 'wetenschappen en techniek' en 'mens en maatschappij'.

Alle inhoud wordt in twee talen aangeboden, namelijk de instructietaal Neder-lands en een keuzetaal. Leerlingen kiezen hiervoor tussen Engels, Frans, Italiaans, Pools, Spaans of Turks. De andere taal wordt over het algemeen gekozen op basis van de taal die de leerling thuis spreekt of de vreemde taal die de leerling het best kent. Leerlingen worden tijdens het doorlopen van de thema's gestimuleerd om de twee talen te gebruiken. Deze aanpak maakt het mogelijk dat leerlingen hun (meer)talig repertoire gaan inzetten voor de ondersteuning van hun leerproces. Op deze manier kunnen meertalige leerlingen bijvoorbeeld hun opgebouwde kennis en vaardigheden uit hun thuistaal toepassen om de inhoud in het Nederlands beter te begrijpen. In hoofdstuk 4 bespreken we uitgebreid de verschillende mogelijkheden van deze unieke digitale meertalige leeromgeving.

2.5.2 VALIDIV BAGAGE

De Validiv Bagage is een bronnenmap ontwikkeld voor leerkrachten in het kleuteronderwijs en het lager onderwijs. Vertrekkend vanuit een krachtige leeromgeving biedt deze een verzameling van handvatten, voorbeelden, tips en materialen voor leerkrachten om de eigen klaspraktijk aan te passen aan de aanwezige talige diversiteit en het (meer)talige repertoire van elke leerling te benutten. Binnen de Validiv Bagage wordt er vertrokken vanuit de volgende vier topics: (1) talendiversiteit ontdekken en zichtbaar maken, (2) talendiversiteit waarderen, (3) talendiversiteit ruimte bieden en (4) talendiversiteit stimuleren. De Validiv Bagage is ontwikkeld in een versie voor het kleuteronderwijs en een versie voor het lager onderwijs.

2.5.3 VALIDIV SCHOOLBELEIDSGIDS

De Validiv Schoolbeleidsgids is een leidraad waarmee een school stap voor stap aan de slag kan gaan op weg naar een positieve visie op meertaligheid. Met behulp van een 'beginsituatieanalyse' wordt met het team nagegaan welke plaats talen en meertaligheid krijgen in de school. Op basis van de resultaten van deze analyse begeleidt de Schoolbeleidsgids de school bij de inbedding van meertaligheid in het bestaande talenbeleid. De randvoorwaarden hiervoor komen aan bod in drie thema's: (1) participatie, (2) professionalisering en (3) communicatie.

Op basis van de opgedane ervaringen tijdens het Validiv-project, zijn de Validiv Bagage en de Validiv Schoolbeleidsgids herwerkt tot een gebruiksvriendelijke website Metrotaal – Mind The gap (www.Metrotaal.be), waarin een brede waaier aan achtergrondinformatie, oefeningen, casussen, werkvormen om met een team aan de slag te gaan, activiteitenfiches, filmmateriaal voorzien van begeleidingsfiches, citaten van leerlingen, leerkrachten en andere begeleiders aan bod komt (zie ook hoofdstuk 10). Deze website richt zich vooral op begeleiders van scholen.

In dit hoofdstuk gaven we een overzicht van de gemaakte keuzes tijdens het Validiv-onderzoek. Hierbij werd dieper ingegaan op de ontwikkelde materialen, de gebruikte data, de methoden en de steekproef. De resultaten van de komende hoofdstukken zijn gebaseerd op deze data en maken gebruik van de ontwikkelde Validiv-instrumenten.

Hoofdstuk 3

Meertalige eilandjes in een eentalige zee, een goed idee?

Kathelijne Jordens

3.1 INLEIDING: WAT ALS?

> *Een collega en ik willen werken rond meertaligheid in een vierde leerjaar. De juf onthaalt ons hartelijk en neemt ons mee naar haar klas. De leerlingen kijken ons nieuwsgierig aan. "Deze juffen komen voor een project over meertaligheid", zegt ze tegen haar klas en dan tegen ons: "Hij kan erg goed Engels" en ze wijst naar één van de weinige blonde jongetjes in haar klas. Drie vierde van haar leerlingen praat thuis naast Nederlands ook Turks.*
>
> *In een andere school waar we komen, vraagt een meisje me: "Juf, andere talen, zijn dat ook de vuile talen?" Ik vraag haar wat ze bedoelt. "Awel, Turks en Marokkaans", zegt ze zonder verpinken.*

Deze uitspraken illustreren hoe in Vlaanderen vaak naar meertaligheid gekeken wordt. De overgrote meerderheid van de Vlaamse scholen voert een 'enkel-Nederlands-beleid'. Toch komt taal wel aan bod in deze scholen. Sommige talen, zoals Engels en Frans, hebben een hogere status in onze samenleving en komen aan bod op school, terwijl andere talen, zoals Turks en Berbers, minder status genieten en geweerd worden op school. Met andere woorden: veel talen kunnen lezen, spreken en schrijven is wel belangrijk, maar dan wel liefst hoge-statustalen, zoals Engels.

Dit onderzoek wou nagaan wat er zou gebeuren als ook andere talen, die een lagere status genieten, toegelaten worden tijdens groepswerk. Vele Vlaamse schoolteams hebben koudwatervrees om thuistalen toe te laten in de klas. We hebben daarom meertalige kinderen groepswerk laten uitvoeren waarbij ze hun thuistaal (in dit geval Turks) mochten inzetten.

Twee scholen met veel tweetalige leerlingen (Nederlands-Turks) gaven toestemming om bij hen tijdelijke 'meertalige eilandjes in de eentalige zee' te installeren. In elke school werd een groepje van vier kinderen gedurende twee schooljaren (vierde en vijfde leerjaar) geregeld uit de klas gehaald om deel te nemen aan groepswerk. In de scholen mochten de leerlingen normaal gezien enkel Nederlands spreken, maar tijdens het groepswerk werden de leerlingen aangemoedigd om hun thuistaal, Turks, in te zetten. De leerlingen werden ook uitgebreid bevraagd over hun ervaringen.

Dit hoofdstuk schetst wat er gebeurt op de meertalige eilandjes aan de hand van de volgende vragen:

1. Gebruiken leerlingen Turks en hoeveel Turks gebruiken ze dan?
2. Waarvoor gebruiken ze Turks?
3. Hoe verloopt het samenspel van Nederlands en Turks tijdens groepswerk?
4. Wat zijn de ervaringen van de leerlingen zelf?

Hoofdstuk 2 geeft de gehanteerde methode weer.

3.2   DE MEERTALIGE EILANDJES

Tabel 3.1 geeft een overzicht van de uitgevoerde taken en contactmomenten waarop de resultaten zijn gebaseerd.

Tabel 3.1.   Overzicht van de elf contactmomenten en de uitgevoerde taken.

Contact-moment	Taak	Titel taak	Inhoud	Vak	Leerjaar
1			Talenportretten en talen-planeten		Vierde
2	Taak 1	Dino-dood	Discussietaak over de meest waarschijnlijke reden voor het uitsterven van dinosaurussen	Wereldoriëntatie	Vierde
3	Taak 2	Dino-eieren	Strategisch spel in twee duo's (op de speelplaats)	Lichamelijke opvoeding	Vierde
4	Taak 3	Kami 1	Verhaal schrijven bij de prenten van een kamishibai	Taal – schrijven	Vijfde
5	Taak 4	Kami 2	Verhaal vertellen bij de prenten van een kamishibai	Taal – spreken/strategieën	Vijfde
6			Talenportretten en begeleide vragenlijst		Vijfde
7	Taak 5	Vulkaan	Een Turkse vulkaan maken uit klei	Muzische vorming	Vijfde

Contact-moment	Taak	Titel taak	Inhoud	Vak	Leerjaar
8	Taak 6	Bubbels	Experimenten uitvoeren die te maken hebben met 'bubbels'	Wereldoriëntatie	Vijfde
9	Taak 7	Bomen meten	Bomen meten met behulp van een kartonnen driehoek	Wiskunde	Vijfde
10	Taak 8	Turkse les	Een Turkse les voor de onderzoeker uitwerken	Taal – taalbeschouwing	Vijfde
11			Afsluitende interviews		Zesde
12			Terugkeermoment, geen dataverzameling		Zesde

Er waren elf contactmomenten met de leerlingen. Tijdens acht van die contactmomenten werkten de leerlingen aan taken. De acht taken weerspiegelen grotendeels het curriculum van het Vlaamse lager onderwijs. We kozen drie taken die eerder binnen 'taal' vallen, één rekentaak, twee wereldoriëntatietaken en twee taken die passen binnen de context van knutselen en lichamelijke opvoeding (zie tabel 3.1). Bij elke taak hoorden instructies en uitleg in het Nederlands. De leerlingen mochten met elkaar wel elke taal gebruiken die ze wilden, ook Turks dus.

Drie contactmomenten daarvan gingen dieper in op meertalig zijn. Deze contactmomenten waarin we expliciet 'meertalig zijn' bespraken vonden plaats in het begin, het midden en het einde van het veldwerk. Tijdens de eerste kennismaking maakten de leerlingen eerst een talenportret. Ze kregen een blad met een blanco mannetje dat ze mochten inkleuren zoals hun talen in hun lichaam zitten. Ze deden dat individueel en stelden hun tekening dan voor aan de 'meertalige camera', zodat ze konden kiezen in welke taal/talen ze hun tekening presenteerden. Daarna was er een focusgroepje, waarbij ze de talenportretten aan elkaar voorstelden en 'talenplaneten' bekeken. Er waren zestien talenplaneten, getekend op een groot blad, waaronder de planeet rekenen, de planeet wereldoriëntatie, de planeet huiswerk, de planeet spelen en de planeet nadenken. Voor elke planeet werd besproken welke talen daar aan bod komen volgens de leerlingen.

Tijdens het tweede contactmoment rond meertaligheid zaten (moment 6) de leerlingen al in het vijfde leerjaar. Ze maakten opnieuw een talenportret en ze lichtten dat ook allemaal mondeling toe. Van elke leerling werd een begeleide vragenlijst afgenomen: eerst vulden ze een vragenlijst in en deze werd daarna mondeling besproken.

Tijdens het derde contactmoment rond meertaligheid werden de acht focuskinderen uitgebreid geïnterviewd. De onderwerpen voor deze interviews werden ook gebaseerd op de verwerking van de data uit de vorige rondes en uit observaties van de taakuitvoeringen.

In de volgende alinea's geven we een antwoord op de vier vragen die gesteld werden in dit deelonderzoek.

3.3 VRAAG 1: STEL DAT LEERLINGEN TURKS MOGEN GEBRUIKEN VOOR EEN GROEPSWERK, DOEN ZE DAT DAN? EN HOEVEEL?

De verwachtingen van de leerkrachten in de twee scholen over het gebruik van het Turks verschilden van elkaar. Toen ze hoorden dat leerlingen Turks zouden mogen praten, zei de meester van de groene groep: "*Die gaan dat niet zo veel doen.*" De juf van de blauwe groep reageerde: "*Oei, die gaan de hele tijd Turks praten.*" Het was dus echt een vraagteken of de leerlingen Turks zouden gebruiken of niet. Uit de resultaten bleek dat de leerlingen van beide groepen veel Nederlands gebruikten in verhouding met hun thuistaal, Turks.

In figuur 3.1 zie je de verdeling van de taalkeuzes voor elke groep per beurt. Een beurt start wanneer iemand begint te spreken en loopt tot deze persoon stopt of onderbroken wordt door een volgende spreker. Volledige beurten in het Neder-lands komen in beide groepen duidelijk het meest voor (76% in de groene groep en 60% in de blauwe groep). Volledige beurten in het Turks komen minder voor. In de groene groep zijn 12% van de beurten volledig in het Turks, in de blauwe groep zijn 22% van de beurten volledig in het Turks. 'Mix' betekent dat Turks en Nederlands in dezelfde beurt gesproken worden. Dat komt niet zo vaak voor (6% in de groene groep, 8% in de blauwe groep). 'Code x' betekent dat we de volledige beurt niet precies konden verstaan. Daardoor kunnen we dus niet weten of de beurt enkel Nederlands, enkel Turks of een combinatie van die twee bevat.

Figuur 3.1. De verdeling van taalkeuzes per groep, gemiddeld over de acht taken.

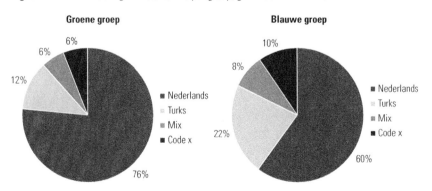

De meerderheid van de tijd spreken beide groepen dus Nederlands, ook als ze aan-gemoedigd worden om Turks te gebruiken met andere leerlingen die thuis dezelfde talen spreken.

Als we focussen op het Turks dat ze gebruiken, zien we verschillen tussen de twee groepen (figuur 3.2). Op de verticale as zie je het percentage uitingen die volledig in het Turks gesproken zijn. De grijze stippellijn met de ruitjes geeft het aantal uitingen in Turks van de blauwe groep weer. De zwarte lijn met driehoekjes hoort bij de groene groep. Je ziet meteen dat de grijze lijn voor alle taken boven de zwarte lijn ligt. Dus de blauwe groep gebruikt in elke taak meer beurten in het Turks dan de groene groep.

Figuur 3.2. Beurten die volledig in het Turks verliepen per groep en per taak.

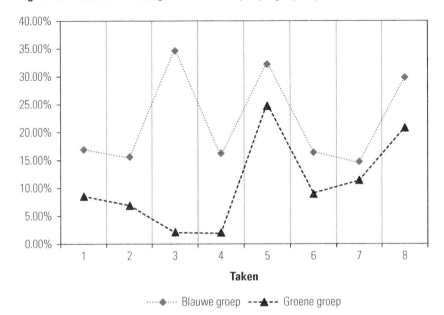

Er zijn ook verschillen tussen de taken. Beide groepjes vertonen een piek qua beurten in het Turks in taak 5 (de knutseltaak) en taak 8 (een Turkse les maken). Er werd in taak 5 meer Turks gesproken dan in de andere taken, zowel in de groene als in de blauwe groep. De vijfde taak was een knutseltaak. De groepjes mochten 'een Turkse vulkaan' kleien. Ze kregen daarvoor klei en allerlei materiaal om de vulkaan of vulkanen te versieren. Er was niet genoeg materiaal om individueel aan de slag te gaan, waardoor de leerlingen verplicht waren om samen te werken. Ze maakten veel afspraken in het Turks.

In taak 8 werd ook meer Turks gebruikt dan in andere taken, dat is logisch: het is de taak waarin ze een Turkse les moesten voorbereiden voor de onderzoekster. De leerlingen moesten samenwerken om te zorgen dat elk van hen haar iets anders in het Turks zou aanleren. Ze bespreken in het Turks wat ze precies willen aanleren en hoe dat dan geschreven moet worden.

Hier zie je een voorbeeld uit het groepswerk van de groene groep. De leerlingen starten met een brainstormsessie en maken afspraken over wie wat juist gaat aanleren aan de onderzoekster.

Nederlands gesproken – *Turks gesproken* (vertaling in het grijs)

Nuran	Şimdi dingen, ik ga dingen, eh, hout boom, *ağaç*.
	Nu dan dingen, ik ga dingen, eh, hout boom, boom.
Ozan	*Hayvanlar.*
	Dieren.
Mira	*Ağaç.*
	Boom.
Ozan	*Ağaç, araç, mobil.*
	Boom, voertuig, mobiel.
Nuran	*Ağaç yaziliyor dimi o? Ay çok zor, 'ayakkabı' da olabilir, 'pantolon' yazalım 'pantolon'.*
	Je schrijft 'ağac' toch? Amai dat is heel moeilijk, 'schoen' kan ook, laten we 'broek' schrijven, 'broek'.
Mira	*Etek.*
	Rok.

Uiteindelijk zijn de woorden uit het bovenstaande fragment niet aan bod gekomen in de les. Nuran gaf les over cijfers in het Turks, Ozan over hoe je jezelf moet voorstellen in het Turks en Mira maakte een quiz over huisdieren.

Het was interessant om te zien dat de leerlingen rekening hielden met de schoolcontext en zich heel bewust waren van de talen die de andere leerlingen spreken op hun school. Dat was bijvoorbeeld het geval in taak 3 en taak 4 waarbij de leerlingen eerst een verhaal moesten schrijven en het verhaal daarna moesten vertellen aan de kleuters van hun school. De groepjes van vier kregen daarvoor de prenten van een kamishibai-verhaal. Een kamishibai is een Japans verteltheatertje dat vergelijkbaar is met een poppenkast. In plaats van poppen gebruiken ze prenten die steeds een scène van een verhaal illustreren. Deze prenten worden getoond in een kastje en ondersteunen het verhaal. De groepjes mochten zelf een verhaal schrijven bij de prenten. Dit verhaal zouden ze de week erna vertellen aan een kleuterklas in het kader van de voorleesweek. De twee scholen hielden een voorleesweek met als thema meertaligheid en dus mochten de leerlingen kiezen in welke taal of talen het verhaal geschreven werd. Om het verhaal voor te lezen (de vierde taak), gingen we naar een kleuterklas. De groepjes van vier stonden achter de kamishibai en lazen hun zelfgeschreven verhaal voor.

Bij de kamishibai-taken zijn er grote verschillen merkbaar qua taalgebruik tussen de groene en de blauwe groep (zie figuur 3.2). Dat komt doordat de leerlingen in beide groepen rekening hielden met de talen van de kleuters aan wie ze het verhaal vertelden. In de groene groep (de zwarte lijn in figuur 3.2) gebruikten de leerlingen bij het maken van deze twee taken amper Turks. In hun school waren de kleuters grotendeels Nederlandstalig. Het groene groepje koos er dan ook voor om hun verhaal in het Nederlands te schrijven en te vertellen.

De blauwe groep zit in een school met een grote meerderheid Turks-Nederlands meertalige kinderen. Zij beslisten om het verhaal in het Turks te schrijven. Daardoor is er een hoge piek in het spreken van Turks bij taak 3 op de grijze curve. Het blauwe groepje gebruikte bij 35% van de beurten het Turks. Dat aandeel van de beurten in het Turks is nog niet zo erg hoog als je bedenkt dat het verhaal geschreven is in het Turks. Met andere woorden: tijdens hun schrijfproces gebruikten leerlingen nog erg veel Nederlands. Terwijl de leerlingen het verhaal in het Turks vertelden aan de kleuters, merkten ze al snel dat toch niet alle kleuters Turks verstonden. Hoewel het verhaal goed te volgen was dankzij de prenten van de kamishibai, schakelde het blauwe groepje spontaan over op Nederlands tijdens het vertellen. Hierdoor gaat het aantal beurten in het Turks sterk naar beneden in taak 4 - het verhaal vertellen (zie figuur 3.2). De leerlingen veranderden dus de taal die ze gebruikten zodat alle kleuters het verhaal zeker konden begrijpen.

De andere vier taken (1, 2, 6 en 7) zijn qua aantal beurten in het Turks in de twee groepjes heel gelijkaardig. In al deze taken gaan de groepjes gezamenlijk op zoek naar de beste oplossing voor een probleem, begeleid door gedetailleerde instructies in het Nederlands.

Samengevat gebruikten de beide groepjes voor groepswerk hoofdzakelijk Nederlands. Beide groepen gebruikten ook wel Turks, de blauwe groep systematisch meer dan de groene groep (dat is zo in elke taak). Hoeveel Turks er gesproken wordt, hangt blijkbaar ook samen met de aard van de taak en met de gesprekspartner. Ook bij het schrijven en het vertellen van een verhaal, houden de leerlingen rekening met hun publiek en passen ze hun taalkeuze daaraan aan.

3.4 VRAAG 2: ALS LEERLINGEN TURKS GEBRUIKEN IN GROEPSWERK, WAARVOOR GEBRUIKEN ZE TURKS DAN?

Om na te gaan welke functies Turks precies kan vervullen in groepswerk, zijn de drie meest typisch schoolse taken onder de loep genomen:
– Taak 3 (Taal): de leerlingen moeten een verhaal schrijven bij prenten.
– Taak 1 (Wereldoriëntatie): de leerlingen krijgen elk een verschillende kaart met een mogelijke reden waarom dinosaurussen uitgestorven zijn. Ze moeten samen beslissen welke mogelijkheid de beste zou zijn.
– Taak 6 (Wereldoriëntatie): de leerlingen moeten experimentjes uitvoeren rond 'bruis' en die beschrijven.

De leerlingen gebruiken voornamelijk Turks om vier zaken te bespreken: de praktische organisatie van de taak, de inhoud van de taak, de onderzoekssituatie en ook dingen die niet met de taak te maken hadden (off-task).

We gingen na hoe vaak elke categorie voorkomt (binnen de beurten waarin Turks gesproken wordt). In figuur 3.3 worden de resultaten over de groepjes en de taken samengenomen in één taartdiagram. De reden is dat er maar weinig verschil was tussen de taken, en amper verschil tussen de groepen. De resultaten zijn dus het gemiddelde van de twee groepjes over de drie taakuitvoeringen heen.

Figuur 3.3.   Functies van Turks in taakuitvoering.

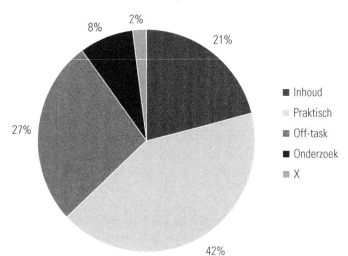

Je hoort weleens de verwachting dat thuistalen vooral gebruikt worden om te spelen. De categorie off-task komt inderdaad vaak voor (27%), maar de meeste coderingen van uitingen in het Turks vielen in de categorie 'praktische organisatie' (42%) en waren dus wel taak-gerelateerd. Ook in de categorie 'inhoud' waren er behoorlijk veel coderingen Turks (21%). 8% van de uitingen met Turks gingen over de onderzoekssituatie, 2% hebben we gecodeerd als 'x' omdat uit de context niet meer af te leiden was wat precies bedoeld werd.

Hieronder enkele voorbeelden om duidelijk te maken welke uitingen in elke categorie ondergebracht werden:
– Praktische organisatie: de leerlingen verdelen rollen onderling, ze beslissen wie eerst en wie daarna het woord mag nemen, ze beslissen wie schrijft en wie voorleest, enzovoort.
   Voorbeeld: *Ikiyi yaptik bile ama bak* één *olmusmu duzgun.* (= *Twee hebben we al gedaan, maar kijk of* één *fatsoenlijk is gemaakt.*)

– Inhoud: de leerlingen praten over de inhoud van de taak, dus ze zijn bezig met de constructie van het verhaal of met de betekenis van de hypotheses, of met de formulering van de experimenten.
Voorbeeld: *Asitli suyun içine kuru üzüm koyduk. Soruyorlar: niye oldu bu?* (= *We hebben rozijnen in bruiswater gedaan. Ze vragen: waarom is dat gebeurd?*)

– Over de onderzoekssituatie: de kinderen gebruikten ook Turks als ze spraken over bijvoorbeeld de camera's, de onderzoeksrol (zou de Validiv-juf écht geen Turks kennen?)
Voorbeeld: (over de voicerecorder): *Bu açikmi* (= *Staat dit aan?*)

– Off-task: dit gaat om de babbels en de grappen, de plagerijen en het gespeel dat niet met de taak te maken heeft.
Voorbeeld: *Siz asikmi oldunuz?* (= *Zijn jullie verliefd geworden?*)

Vooral in de beurten van die laatste categorie, off-task, werd duidelijk dat de leerlingen na een tijdje vergaten dat ze opgenomen werden voor een onderzoek. Ze bespraken dingen die niet voor leerkrachtenoren bedoeld waren, zoals verliefdheden, ruzies en technieken om te kunnen spieken.

3.5   VRAAG 3: HOE VERLOOPT HET SAMENSPEL VAN NEDERLANDS EN TURKS TIJDENS GROEPSWERK?

We weten nu hoeveel Turks deze kinderen gebruikten en waarvoor. Wat nog niet helemaal duidelijk is, is hoe de communicatie in Nederlands en Turks dan verloopt. Praten ze bijvoorbeeld enkel Turks aan het begin van de taakuitvoering of juist enkel op het einde? Zijn de periodes van Nederlands praten en Turks praten strikt gescheiden? Of loopt het allemaal wat door elkaar?

In de data kun je zien dat er vooral Turks gesproken wordt als de onderzoekster niet bij hen in de buurt is. De videobeelden tonen aan dat de leerlingen vaker van het Turks naar het Nederlands overschakelen als de onderzoekster in de buurt is. Verder gebruiken de leerlingen Turks en Nederlands erg vloeiend door elkaar. Wat opvalt, is dat de leerlingen typisch schoolse woorden in het Nederlands gebruiken in een Turkse zin. Omgekeerd gebruiken ze woorden uit hun thuisomgeving soms in het Turks, ook al is de rest van de zin in het Nederlands. Hier zie je een paar voorbeelden uit de taak over bubbels van de blauwe groep:

Selina	Kijk ***bubbeller***, bak, bak hemen geri gidiyor onlar.
	Kijk ***bubbels***, kijk, kijk die gaan snel terug weg.

Selina gebruikt hier de Nederlandse stam 'bubbel' en gebruikt de Turkse grammatica (meervoudsvorm op -ler) om het meervoud aan te geven. Uit de wetenschappelijke literatuur blijkt dit een veelvoorkomend fenomeen bij meertalige mensen te zijn. Ze beschrijft wat ze ziet in het Turks, maar gebruikt het Nederlandstalige woord 'bubbel' uit de opdracht.

Omgekeerd gebruikt Kerem in zijn Nederlandstalige betoog het Turkse woord voor 'schudden', een woord dat wellicht thuis, waar Turks gesproken wordt, vaker voorkomt.

Selina	Ik zie dat da bruist. Hoe komt dat?
Kerem	Als je da snel, nee als je da *sallamak* (= schudden).

Een mix van Turks en Nederlands komt soms ook voor in gesprekken van betekenisonderhandeling, zoals in het onderstaande voorbeeld van de groene groep. Tijdens deze taak kreeg elke leerling een kaart met daarop een mogelijke reden voor het uitsterven van dinosaurussen. Elke reden werd besproken en de leerlingen beslisten samen welke reden wellicht de meest waarschijnlijke was. De groep kreeg een invulblad om hen stap voor stap door de discussie te loodsen. Ze mochten dan hun besluit presenteren aan de meertalige camera die ook Turks verstaat.

Op dit moment in de uitvoering loopt Mira vast omdat ze de betekenis van 'overleven' niet kent. Ze vraagt haar klasgenootjes om hulp.

(Nederlands – *Turks*)

Mira	Wat betekent overleven? *Ölümden dönmek, ölümden dönüyorsun ya.*
	Wat betekent overleven? *Terugkomen uit de doden.*
Nuran	*Nasıl? Hiç mi yaşamıyorsun?*
	Wat? Leef je helemaal niet?
Mira	Jawel.
	Jawel.
Nuran	*Ölüyorsun ama geri dönüyorsun.*
	Je sterft, maar je komt terug.
Ozan	Jawel, bijvoorbeeld als je dood... iedereen gaat dood... als je niet dood gaat.

Mira weet niet wat de precieze betekenis van overleven is. Ze vraagt het in het Nederlands, maar voegt er meteen een voorstel in het Turks aan toe. Nuran pikt daarop in en vraagt uitleg in het Turks. Mira antwoordt kort in het Nederlands en Nuran geeft in het Turks een herformulering van de uitleg die Mira eerst gaf (ook in het Turks). Ozan mengt zich in het gesprek en neemt de 'jawel' van Mira over in het Nederlands en gaat ook in het Nederlands verder. Zo komen ze uiteindelijk bij een gezamenlijke betekenis van het woord overleven uit.

We geven ook een voorbeeld uit een taakuitvoering van de blauwe groep. De leerlingen bestuderen een doorzichtige beker bruiswater en moeten beschrijven wat er precies met de bubbels gebeurt.

Ali	Waar gaan de bubbels naartoe? Naar boven, ik dacht van naar onder *ama* boven. *Bak lan yukari gidiyo görmüyon mu?*
	Waar gaan de bubbels naartoe? Naar boven, ik dacht van naar onder *maar* boven. *Kijk joh die gaat naar boven zie je het niet?*
Selina	Kijk!
Ali	Blijven er altijd bubbels komen?
Selina	Er komen bubbels.
Kerem	*Bu bildigin su lan? Allah belami versin bildigin su.*
	Dat is toch gewoon water joh? Moge God mij straffen/Moge God mij vervloeken dat is gewoon water. ('Allah belami versin' is een zware vorm van zweren)
Ali	Een tijdje wel maa-aar, maar daarna stopt het. Stopt het ha *geri yapmiyo, ha bak,* **stoppen** *yapmaya basliyor bak noldu bak noldu.*
	Een tijdje wel maa-aar, maar daarna stopt het. Stopt het ha *het doet het niet terug,* ha kijk, ***het begint te* stoppen** *kijk wat er is gebeurd, kijk wat er is gebeurd.*

Ook in dit fragment gebruiken de kinderen hun volledige talige repertoire vloeiend om aan de taak te werken. We zien dat Ali in het vetgedrukte stukje 'stoppen yapmaya basliyor', Turkse grammaticale regels toepast op een Nederlandse stam. Hij gebruikt de Nederlandse infinitief 'stoppen', maar gebruikt verder het Turks om heel precies uit te drukken dat 'het proces van stoppen begint'. Zo kan hij een nuance uitdrukken die in het Nederlands niet heel precies te verwoorden valt.

Het proces waarin je je talige repertoire op deze manier gebruikt wordt ook 'translanguaging' genoemd. Leerlingen die dezelfde talen spreken, kunnen met elkaar communiceren op een manier die meer mogelijkheden biedt dan wanneer ze gewoon bij één taal blijven.

De leerlingen zetten dus in beide groepen hun volledige talige repertoire in om de taak uit te voeren. Turks en Nederlands worden daarbij vloeiend ingezet als één geheel, vullen elkaar aan en worden creatief ingezet. Wat wel opvalt, is dat de uiteindelijke presentatie van de oplossing van de taak consequent in het Nederlands gegeven wordt, ook al presenteren de leerlingen aan de 'meertalige camera'.

3.6 VRAAG 4: WAT VINDEN MEERTALIGE LEERLINGEN ZELF VAN HET GEBRUIK VAN TURKS OP SCHOOL?

Het is belangrijk om na te gaan wat de meertalige leerlingen zelf vinden over het gebruik van hun thuistaal op school. We baseren ons daarvoor op de volledige contactmomenten over meertalig zijn, met de talenportretten en planetenfocusgroep, maar ook op alle kortere interviews die na elke taakuitvoering afgenomen zijn.

Er zijn drie verschillende aspecten verbonden aan wat leerlingen zelf vinden van het gebruik van Turks op school: (1) meertalig zijn op zich, (2) het gebruik van Turks in een Nederlandstalige school en (3) de ervaringen van de leerlingen tijdens het meertalig groepswerk waarbij ze hun thuistaal mochten gebruiken.

3.6.1 MEERTALIG ZIJN IS LEUK!

Het antwoord op de vraag: 'Hoe voelt het om meertalig te zijn?' is voor de acht focuskinderen behoorlijk gelijkaardig. Uit de analyses blijkt dat 'leuk' een van de meest voorkomende woorden is in de interviews: meertalig zijn is leuk, Turks praten is leuk, Turks praten tijdens groepswerk is ook leuk. Alle kinderen zijn erg trots op hun Turkse roots en taal, maar ze geven alle acht aan dat Nederlands voor hen ook erg belangrijk is. Zo blijken ze in hun talenportretten (een blanco mannetje dat ze mogen inkleuren met 'hun eigen talen') allemaal Turks en Nederlands ongeveer even prominent in te kleuren.

Voor de leerlingen is het vaak moeilijk te zeggen wat hun eerste of tweede taal is. Drie van de acht kinderen vinden dat Nederlands hun eerste taal is, drie van de acht Turks en twee kinderen geven aan niet te kunnen kiezen: allebei dus. Ook als het gaat over de taal die ze het beste denken te kunnen, of over hun lievelingstaal, lopen de antwoorden uiteen. Soms veranderen de kinderen gaandeweg van mening over de talen die ze spreken.

Deze interviews suggereren dat de voorkeur voor een taal niet zo eenduidig is en afhangt van de context. Belangrijk om op te merken is dat de leerlingen een positief gevoel krijgen als ze hun thuistaal mogen spreken, maar dat ze tegelijkertijd Nederlands ook erg belangrijk en evenwaardig vinden.

De kinderen vertellen alle acht dat ze hun talen vaak door elkaar gebruiken. We geven het voorbeeld van Nuran uit de groene groep, maar andere kinderen zeggen heel gelijkaardige dingen:

Onderzoekster	Wanneer was je zo Turks aan het babbelen? Om wat te doen of zo?
Nuran	Ja, ik weet het nie, mijn hersen zegt: praat Nederlands. Want, ja, als ik een zin wil praten van Nederlands, maar sommige woorden weet ik nie wat ik moet zeggen, maar, ik wil het zo bedoelen, maar ik weet die woord nie, daarom praat ik die woord Turks en daarom wordt da zo.

Nuran geeft aan dat ze Turks gebruikt in een Nederlandse context (bijvoorbeeld: op school) als ze niet op het Nederlandse woord kan komen. Het omgekeerde ervaren leerlingen ook (Nederlands in Turks). Doğukan zegt daarover: *"Maar, ik doe meer Nederlands, want in het Turks weet ik soms een woord niet."*

Uit de analyses van de vorige onderzoeksvragen blijkt echter dat het samenspel van hun talen complexer is dan 'gewoon' leemtes in woordenschat invullen.

3.6.2 VEEL NEDERLANDS EN STIEKEM TURKS

Als het gaat over de tweede vraag: 'Hoe zit dat dan met meertalig zijn op een school met een eentalig beleid?', zijn de kinderen ook redelijk eensgezind. Ze verdedigen de 'Enkel-Nederlands-regel' met dezelfde argumenten als hun leerkrachten en ouders. Voorbeelden hiervan zijn:

Doğukan	Ma, juf, wij wonen hier he.
Mira	Ik heb graag regels. Zo is dat duidelijk.
Melisa	Ma als we niet de hele tijd Nederlands babbelen, dan gaan wij da vergeten!
Kerem	Kinderen die geen Nederlands kennen die gaan geen werk vinden he. Die arme kinderen.

Tegelijkertijd geven ze ook allemaal aan dat ze redelijk veel Turks praten op de speelplaats, "maar alleen als de juffen het niet horen" en soms ook stiekem in de klas. Ze zijn vooral verontwaardigd als andere talen dan Nederlands wel getolereerd worden, en Turks niet. Doğukan vertelt bijvoorbeeld over zijn medeleerlingen tijdens een schooluitstap: *"En ze mochten Engels praten, en alles, en Italiaans! Maar Turks... nee."*

De leerlingen merken zelf ook op dat de regels rond taal en wat ze met die regels doen niet steeds overeenkomen. Mira zegt bijvoorbeeld: *"Eigenlijk moeten we Nederlands spreken, dus we mogen niet kiezen, maar we spreken toch Turks als ze het niet horen. Dus, eigenlijk he, kiezen we wel."* Selina maakt een gelijkaardige opmerking: *"Hier mogen we geen Turks, maar we doen dat toch... Eigenlijk mogen we niet kiezen, maar we kiezen toch, ik denk dat het leuker is als we wel mogen kiezen."*

Tijdens het afsluitende interview mochten de leerlingen hun eigen talenbeleid voor de school voorstellen. Enkel Ozan vindt dat je altijd Turks zou mogen spreken op school. De anderen benadrukken Nederlands, zoals hierboven beschreven, maar ze laten openingen voor hun thuistaal op school. Selina verwoordt het zo: *"Ik praat een beetje meer Nederlands, omdat het moet. Liever ook een beetje Turks op school."* Kerem heeft een heel eigen oplossing: *"Iedereen mag kiezen. Ik zou Turks én Nederlands kiezen: maandag, dinsdag, woensdag Nederlands en andere dagen Turks."*

De leerlingen gebruiken hun thuistaal nu sowieso stiekem en weten dat ze hierbij de schoolregels overtreden. Ze verdedigen wel het enkel-Nederlands-beleid, maar ze zijn toch ook vragende partij om hun thuistaal een plaats te geven op school.

Een opening creëren voor thuistalen in het talenbeleid, kan ook voorkomen dat leerlingen de volgende percepties meedragen:

Doğukan	Turks is niet om te leren, juf. Ma die anderen vinden da, juf, die vinden da.
Ali	Die denken dat wij alleen over domme dingen in het Turks kunnen zeggen. Die denken dat Turks een vuile taal is.

Deze studie wijst immers uit dat wat leerlingen zeggen in het Turks niet enkel over *domme* en niet-schoolse dingen gaat en dat ze het wel degelijk kunnen gebruiken om te leren.

3.6.3 WAT ZEGGEN ZE OVER HUN ERVARINGEN MET MEERTALIG GROEPSWERK?

Wat betreft de derde vraag, namelijk hoe leerlingen het meertalige groepswerk ervaren hebben, zijn de leerlingen het allemaal redelijk eens. 'Leuk' is ook hier een woord dat erg vaak opduikt in de analyses. Het is overduidelijk dat de kinderen het waarderen als ze hun thuistaal mogen gebruiken op school:

| Onderzoekster | Bij mij mochten jullie Turks praten. Hoe ging dat dan? |
| Nuran | Leuk, gewoon, dan konden we gewoon Turks praten, dat was gewoon leuk. Ja en dan voelde ik mij thuis, maar in het Nederlands ook hoor. Maar omdat ik thuis Turks praat en als ik dan hier ook Turks gewoon praat, dan voel ik mij ook thuis he. |

Maar naast het feit dat het leuk is om Turks te mogen praten, geven de acht kinderen aan dat het hen kan helpen om de taak uit te voeren. Melisa zegt bijvoorbeeld: *"Dat hielp, omdat ik met Turks meer dingen kan vertellen."* Selina voegt daaraan toe: *"Ja, omdat onze hele familie Turks praat, ja, die komen uit Turkije. Daarom kunnen we heel soms zo ook moeilijke woorden van Turks doen."* Nuran vat het zo samen: *"Als ge iets in Nederlands niet snapt en dan naar Turks verandert, dan kunt ge da wel begrijpen, ja met twee talen is het makkelijker. Dat is beter dus he."* De leerlingen vinden het dus leuk om Turks én Nederlands te mogen praten tijdens groepswerk. Daarnaast geven ze ook aan dat het hen kan helpen om de taak uit te voeren.

3.7 WAT KUNNEN WE HIER NU UIT LEREN?

Uit de resultaten van deze studie blijkt dat meertalige leerlingen in een eentalige school in staat zijn om hun thuistaal in te zetten tijdens groepswerk. De leerlingen gebruiken vooral Nederlands, maar ook Turks om de praktische regelingen rond een taak met elkaar te bespreken, voor betekenisonderhandeling en het bespreken van de inhoud van de taak. De meertalige leerlingen gebruiken daarbij een mix van hun talen op een heel vloeiende en creatieve manier. Dat is volgens de wetenschappelijke literatuur over meertaligheid heel normaal. Het is ook goed dat kinderen zich op die manier beter kunnen uitdrukken, om nieuwe woorden en nieuwe concepten te leren.

Turks gebruiken tijdens groepswerk is natuurlijk geen doel op zich. Het is een manier om te werken aan welbevinden van kinderen op school (alle talen en identiteiten zijn welkom!). Daarnaast is het een potentiële steiger tot leren: door thuistaal te mogen inzetten in betekenisonderhandeling werken kinderen aan de verwerving van nieuwe concepten. Dat betekent dat ze nieuwe kennis opdoen en daar de nieuwe woordenschat voor leren. Die nieuwe woordenschat wordt op school verworven in het Nederlands, maar als leerlingen hun eigen thuistaal gebruiken om nieuwe concepten te begrijpen, dan helpt dat wel.

Het was opvallend hoe leerlingen er soms spontaan voor kozen om een boodschap in één taal uit te drukken. Ze presenteerden bijvoorbeeld het resultaat van elke taak telkens in het Nederlands. Ze werden nochtans elke keer uitgenodigd om hun eindproduct voor te stellen aan de 'meertalige camera die ook Turks verstond'. Een paar keer werd hen achteraf gevraagd of ze het in het Turks ook zouden kunnen en dat bleek ook te lukken, hoewel sommige woorden – de typische schoolwoorden – in het Nederlands gezegd werden. Het was heel duidelijk, zowel in de interviews als in de observaties dat de meertalige kinderen erg veel belang hechten aan Nederlands en dat werd ook weerspiegeld in hun taalkeuzes. Daarnaast blijken meertalige leerlingen zich enorm bewust te zijn van de talen die de andere mensen in hun (school)omgeving spreken en kunnen begrijpen. Het gebruik van Turks aanmoedigen had bijgevolg niet als effect dat leerlingen alleen nog maar Turks gebruikten.

Gaan leerlingen die na een tijd vertrouwd zijn met het spreken van Turks op school nog wel genoeg Nederlands spreken? Ongeacht of leerlingen hun thuistalen mogen spreken op school, is het nog steeds zo dat leerlingen alle input, lessen, teksten, uitleg en ondersteuning van de leerkracht in het Nederlands zullen krijgen. Eindproducten van taken zullen ook hoofdzakelijk in het Nederlands gesproken of geschreven zijn, omwille van de reden dat iemand die geen Turks (of een andere thuistaal) kent het anders niet verstaat. De leerlingen in deze studie hielden daar automatisch rekening mee: door met de onderzoekster steeds Nederlands te praten, maar ook bijvoorbeeld door het Turkse verhaal uit taak 3 onmiddellijk spontaan te vertalen in het Nederlands als ze merkten dat niet alle kleuters Turks verstonden. De leerlingen gebruikten Turks tijdens de taakuitvoering, maar het product was steeds in het Nederlands. Dat opent mogelijkheden voor een talenbeleid dat gebaseerd is op natuurlijke meertalige communicatie: je past je taalkeuze aan je gesprekspartner aan. Dat is immers hoe meertalige communicatie verloopt binnen én buiten de school.

Hoewel de meerderheid van de tijd Nederlands werd gesproken, blijkt het toch niet zo gemakkelijk om de controle over wat leerlingen zeggen los te laten. Uiteraard kan een leerkracht niet alle thuistalen spreken. Zelfs als de klas homogeen meertalig is, kan niet van leerkrachten worden verwacht dat ze bijvoorbeeld Turks leren. Wat wel kan, mits goede afspraken, is het gebruik van thuistalen toe te laten op school. Het is contradictorisch om vast te stellen dat de meertalige kinderen vaak minder goed leren dan Nederlandstalige klasgenootjes en dan tegelijkertijd een potentieel hulpmiddel (hun thuistaal) te ontzeggen. In deze studie was het in elk geval zo dat de leerlingen hun volledige talige repertoire inzetten. Ze gebruikten hun talige repertoires in de taakuitvoering om het proces vooruit te stuwen, om afspraken te maken, om denkprocessen te formuleren. Als er Turks werd gebruikt om het over de leerkracht te hebben, was het niet gemeen en zeiden ze dingen die ze ook makkelijk stiekem in het Nederlands hadden kunnen zeggen.

De leerlingen uit deze studie bleken ook alle acht doordrongen van het belang van Nederlands voor hun leven hier. Het belang van Nederlands blijven benadrukken hoeft niet tegen te spreken dat scholen ook meer waarde kunnen hechten aan alle thuistalen van leerlingen dan nu het geval is. Uit deze studie bleek dat de meertalige momenten ook veel positieve energie en goede taakresultaten gaven, zonder dat het Nederlands verdrongen werd.

3.8   CONCLUSIE

Voor deze studie bleken de meertalige eilandjes een goed idee. Het was er leuk en de taken werden prima uitgevoerd. Bovendien bleek het helemaal niet zo moeilijk om ze te installeren. Gewoon kinderen met hetzelfde talige repertoire samenzetten volstond voor interactie in Nederlands en Turks, zonder dat een leerkracht Turks hoefde te leren. Uit de resultaten bleek dat thuistalen toelaten voordelen biedt, zowel voor welbevinden als voor leren. Op zoek gaan naar een goed evenwicht is ook hier de boodschap. Het volstaat voor kinderen als het Turks 'er gewoon mag zijn'. Dat er vooral veel Nederlands gesproken wordt, vinden ze prima. Het wordt tijd om eilandjes weg te werken, een meertalige zee is een goed idee.

Met veel dank aan de acht leerlingen en de groene en de blauwe school voor de constructieve medewerking aan deze studie.

REFERENTIE

Garcia, O., & Wei, L. (2013). *Translanguaging.* Palgrave Macmillan.

Hoofdstuk 4

Aan de slag met talige diversiteit in de klas door middel van een meertalige digitale leeromgeving

Evelien Van Laere

4.1 TALIGE DIVERSITEIT EN ICT: EEN GOEDE MATCH?

Het functioneel inzetten van de brede waaier aan talen die leerlingen binnenbrengen in de klas vormt een grote uitdaging. Het vraagt de nodige creativiteit, energie en motivatie van leerkrachten om het meertalige repertoire van elke leerling doelbewust aan te spreken zodat het hun leerproces versterkt en hun prestaties naar een hoger niveau tilt. Hoe kunnen leerkrachten dit realiseren zonder dat ze de thuistaal van elk kind onder de knie hebben en zonder dat ze het leerplan compleet moeten omgooien?

Diverse toepassingen van informatie- en communicatietechnologie (ICT) vormen hierbij een nuttig hulpmiddel. Denk bijvoorbeeld aan het grote aanbod aan talen in de online-encyclopedie Wikipedia, het opzetten van een uitwisseling met een school aan de andere kant van de wereld of het voorlezen van digitale meertalige verhalen. Wij richten onze blik op digitale leeromgevingen als een veelbelovende tool om leren in een talig diverse context te ondersteunen.

Een digitale leeromgeving biedt activiteiten aan in een met technologie verrijkte omgeving. Zo een leeromgeving is erop gericht het leerproces van de leerling te ondersteunen. Digitale leeromgevingen kunnen leerlingen helpen om complexe kennis en vaardigheden te verwerven, hun eigen leerproces in handen te nemen en tot diepgaand leren te komen. Het leertraject van leerlingen kan ook opgevolgd worden. Hierdoor kan zo'n leeromgeving inspelen op hun individuele interesses en behoeften, wat een persoonlijke aanpak mogelijk maakt. Daarnaast bieden nieuwe technologische ontwikkelingen de mogelijkheid om een variatie aan talen te integreren in een digitale leeromgeving. Dat opent perspectieven om de thuistaal van meertalige kinderen op een actieve en authentieke manier in te zetten in hun leerproces in een context waarin het Nederlands de instructietaal is. Meertalige leerlingen kunnen op deze manier hun thuistaal aanwenden als een opstap om zowel het Nederlands beter onder de knie te krijgen als sterker vat te krijgen op nieuwe leerinhouden. Dat draagt bij tot de realisatie van functioneel veeltalig leren. Tezelfdertijd kunnen zulke digitale leeromgevingen Nederlandstalige leerlingen op een aangename en leerrijke manier in contact brengen met talen waar ze ooit al eens mee hebben kennisgemaakt. Denk maar aan uitdrukkingen die leerlingen al in het Engels kennen door computerspelletjes, het internet en televisieprogramma's, woordjes Frans die ze op vakantie hebben geleerd of liedjes die ze in een andere taal meezingen. Deze initiatie in vreemde talen kan de ontwikkeling van hun meertalig bewustzijn stimuleren. Hierdoor krijgen leerlingen meer inzicht in hoe talen werken en leren ze de talige diversiteit die hen omringt zowel herkennen als erkennen. Kortom, digitale leeromgevingen bieden de kans om een inclusieve klasaanpak te realiseren, waarbij het leerproces van elk kind, rekening houdend met zijn/haar talige achtergrond, kan verrijkt worden door middel van ICT.

In dit hoofdstuk gaan we na hoe een digitale leeromgeving leren kan ondersteunen in een talig diverse context. Hierbij is het belangrijk om een aantal algemene principes omtrent leren en instructie mee te nemen. We verrijken dit met inzichten uit onderzoek omtrent tweetaligheid en taalverwerving. Eerst geven we een korte schets van de digitale leeromgeving E-Validiv, die is ontwikkeld in het kader van het Validiv-project. Daarna gaan we dieper in op een aantal bouwstenen die een digitale leeromgeving instructierijk, leerrijk en talig rijk kunnen maken. Voor elke bouwsteen geven we telkens aan hoe we dit concreet hebben vormgegeven in E-Validiv en presenteren we een aantal resultaten. Tot slot werpen we een blik op de toekomst.

4.2   DE DIGITALE LEEROMGEVING E-VALIDIV

Binnen het kader van het Validiv-project zijn verschillende materialen ontwikkeld, waaronder een digitale leeromgeving. Het doel van deze leeromgeving was tweeledig. Enerzijds moest de leeromgeving meertalige kinderen kunnen ondersteunen in het verwerven van kennis en vaardigheden in het Nederlands door middel van hun thuistaal. Anderzijds moest de leeromgeving Nederlandstalige kinderen in contact kunnen brengen met voor hen relatief vreemde talen, om zo hun meertalig bewustzijn te stimuleren. Om dat doel te bereiken, hebben we in een eerste stap gekeken waaraan een digitale leeromgeving moet voldoen om leren mogelijk te maken, met aandacht voor de talige achtergrond van elk kind. Op basis hiervan hebben we met het Validiv-team de digitale leeromgeving E-Validiv ontwikkeld.

E-Validiv is opgebouwd uit acht thema's binnen het leergebied wereldoriëntatie (vanaf het schooljaar 2015-2016: de leergebieden 'wetenschappen en techniek' en 'mens en maatschappij'). Hierin komen onderwerpen aan bod rond natuur, milieu, aardrijkskunde, oriëntatie, het lichaam, gezondheid, de tijd en reizen. Het meertalige aanbod is een van de grootste troeven van E-Validiv: alle inhoud is be-schikbaar in zeven verschillende talen. Enerzijds krijgt elke leerling de informatie aangeboden in de instructietaal Nederlands; anderzijds heeft hij/zij ook toegang tot de inhoud in een van zes andere talen, namelijk Engels, Frans, Italiaans, Pools, Spaans of Turks. E-Validiv richt zich in de eerste plaats op leerlingen uit het vierde, vijfde en zesde leerjaar.

In het kader van het Validiv-project hebben 900 leerlingen uit 35 scholen gedu-rende twee schooljaren op E-Validiv kunnen werken. Zij zijn gevolgd vanaf januari 2013, toen de leerlingen in het vierde leerjaar zaten, tot en met juni 2014, toen ze aan het einde van het vijfde leerjaar waren. Digitale leeromgevingen hebben het voordeel dat activiteiten binnen de leeromgeving kunnen opgeslagen worden in logfiles. Dat gebeurt via een systeem dat in de achtergrond van het programma loopt. Ook in E-Validiv zijn alle relevante acties van de leerlingen geregistreerd zodat we kunnen nagaan wat ze wanneer hebben gedaan.

In wat volgt, gaan we dieper in op een aantal essentiële bouwstenen om een di-gitale leeromgeving instructierijk, leerrijk en talig rijk te maken. Enerzijds richten we ons op wat de theorie en eerder onderzoek ons leert voor de realisatie van digita-le leeromgevingen. Anderzijds passen we deze inzichten toe op E-Validiv en tonen we hoe zij vorm hebben gekregen binnen de ontwikkelde digitale leeromgeving.

4.3 HOE LEREN ONDERSTEUNEN IN EEN TALIG DIVERSE CONTEXT DOOR MIDDEL VAN EEN DIGITALE LEEROMGEVING?

Een digitale leeromgeving is er in de eerste plaats op gericht om door middel van technologie leren te realiseren bij leerlingen. Daarom is het essentieel om stil te staan bij een aantal basisprincipes omtrent leren. Je moet immers rekening houden met de manier waarop het menselijke brein werkt om het leren in een digitale leeromgeving mogelijk te maken. Daarnaast helpen richtlijnen omtrent instructie het leren te ondersteunen en te faciliteren. Tot slot dient een digitale leeromgeving die erop gericht is de aanwezige talige diversiteit in een klas aan te wenden (name-lijk door de thuistaal van meertalige leerlingen in te zetten in hun leerproces en te-zelfdertijd het meertalige bewustzijn van Nederlandstalige leerlingen te stimuleren) deze talige diversiteit ten volle te benutten.

Op basis van deze theoretische overwegingen geven we aan wat een aantal es-sentiële bouwstenen zijn om een digitale leeromgeving zowel leerrijk, instructierijk als talig rijk te maken. Tabel 4.1 geeft hiervan een overzicht. We maken ook telkens de vertaalslag naar E-Validiv en gaan dieper in op een aantal resultaten. Dit kun je snel vinden door doorheen het hoofdstuk op zoek te gaan naar het symbool van de wereldbol. Pagina 66 biedt een blik op hoe een pagina in E-Validiv eruitziet en hoe zo'n leerrijke, instructierijke en talig rijke digitale leeromgeving concreet vorm kan krijgen.

Tabel 4.1. Bouwstenen om een digitale leeromgeving gericht op kennisverwerving in een talig diverse context leerrijk, instructierijk en talig rijk te maken.

Wat maakt een digitale leeromgeving....?		
... leerrijk?		
Leren = zelf kennis verwerven **In E-Validiv?** Instructiefase	Leren = zelf oefenen **In E-Validiv?** Toepassingsfase	Zelf verantwoordelijk voor leerproces **In E-Validiv?** Eigen tempobepaling – Digitaal notitieboekje
... instructierijk?		
Structuur aanbieden **In E-Validiv?** Vaste opeenvolging van fases – Vaste lay-out	Begeleiding **In E-Validiv?** Papegaai Pi	Voorkennis aanspreken **In E-Validiv?** Pretestfase
... talig rijk?		
Gelijkwaardigheid van talen **In E-Validiv?** Dezelfde inhoud aangeboden in twee talen	Transfer tussen talen **In E-Validiv?** Taalswitchknop	Combinatie van visuele en auditieve input **In E-Validiv?** Text-to-speech

Figuur 4.1. Screenshot van E-Validiv met de toepassing van de bouwstenen om een digitale leeromgeving leerrijk, instructierijk en talig rijk te maken.

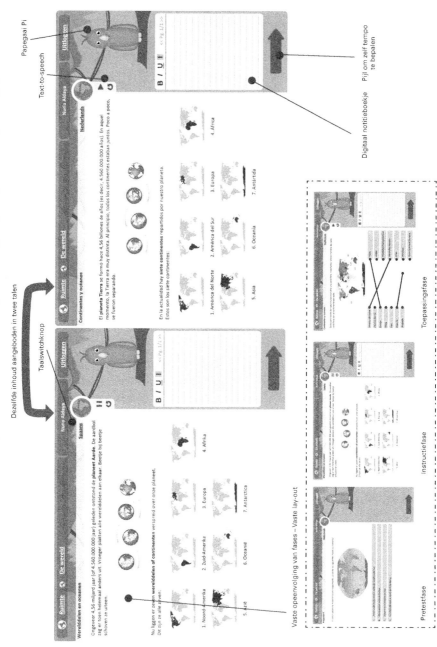

4.3.1 WAT HEEFT EEN DIGITALE LEEROMGEVING NODIG OM LEERRIJK TE ZIJN?

Zoals het woord het zegt, is leren het doel van een digitale leeromgeving. We beschouwen leren in een digitale leeromgeving als een individueel proces, waarbij leerlingen zelf kennis verwerven en deze diepgaand verwerken door middel van oefening. Bovendien spreekt een digitale leeromgeving in belangrijke mate het vermogen tot zelfregulatie aan, aangezien leerlingen zelf de verantwoordelijkheid moeten nemen over hun leerproces.

✔ *Leren = zelf kennis verwerven*

Leren is in de eerste plaats een individuele ervaring. Je verwerft nieuwe kennis, vaardigheden en strategieën door zelf cognitieve schema's op te bouwen in je hoofd. Een leerkracht, klasgenootjes of andere hulpmiddelen, zoals een digitale leeromgeving, kunnen hierbij ondersteuning bieden, maar uiteindelijk construeer je zelf je cognitieve schema's. Een schema is een georganiseerd netwerk van verschillende informatie-elementen. Je brengt deze elementen samen in een structuur, waarbij je deze betekenisvol met elkaar verbindt en samen als een schema opslaat in je langetermijngeheugen. Een schema heeft een dynamisch karakter, aangezien het kan wijzigen door middel van instructie of wanneer je nieuwe ervaringen opdoet. Door reeds bestaande kennis in het langetermijngeheugen uit te breiden met nieuwe informatie kunnen deze schema's zich verder ontwikkelen.

Deze individuele kennisverwerving vereist cognitieve activiteit. Volgens de Cognitieve Theorie van Multimedialeren van Mayer vindt betekenisvol leren plaats wanneer een leerling zich actief engageert om een cognitief schema van zijn ervaringen op te bouwen. Dat impliceert dat een leerling gefocust moet zijn op het selecteren van relevante informatie, deze informatie dient te organiseren in een samenhangende structuur en de georganiseerde informatie moet integreren in de reeds bestaande cognitieve schema's in het langetermijngeheugen.

In E-Validiv?	**Nieuwe kennis verwerven in de instructiefase**
	E-Validiv bestaat uit een variatie aan thema's, die telkens opgesplitst worden in verschillende subthema's. Elk subthema is opgebouwd uit een aantal fases. De instructiefases zijn het centrale onderdeel van het subthema, aangezien leerlingen daar nieuwe informatie aangeboden krijgen over een onderwerp. Door middel van tekst, in combinatie met afbeeldingen, worden leerlingen uitgedaagd om hun bestaande cognitieve schema's aan te spreken en deze uit te breiden met de nieuw aangeboden informatie.

✔ *Leren = zelf oefenen*

Om tot leren te komen is het niet enkel noodzakelijk om schema's op te bouwen. Je moet deze ook automatiseren om expertise te ontwikkelen en zo betekenisvol leren te realiseren. Je kunt schema's automatiseren door middel van oefening, waarbij de herhaalde en succesvolle toepassing van een specifiek cognitief schema ertoe leidt dat de leerling de beoogde kennis, vaardigheden of strategieën goed onder de knie krijgt. Bovendien komt zo ruimte vrij in het werkgeheugen, waardoor je je kunt richten op andere en meer complexe cognitieve processen.

Individueel oefenen is dus essentieel om nieuw verworven kennis en vaardigheden zowel te verdiepen als toe te passen. Je gaat dan daadwerkelijk aan de slag met de informatie. Digitale leeromgevingen zijn uitermate geschikt om de automatisering van schema's te ondersteunen: ze kunnen een brede waaier aan oefeningen aanbieden, onmiddellijke feedback op antwoorden geven en informatie op verschillende manieren voorstellen.

In E-Validiv? **Nieuwe kennis toepassen in de toepassingsfase**

Naast de instructiefases vormen ook de toepassingsfases binnen een subthema in E-Validiv een belangrijk onderdeel. In de toepassingsfases kunnen de leerlingen de nieuw verworven informatie uit de instructiefase diepgaand verwerken. Zo automatiseren zij de schema's die ze in de instructiefase hebben opgebouwd. In de toepassingsfases komen verschillende oefeningen aan bod, zoals klikken op een afbeelding, zaken naar de juiste plaats slepen, concepten met elkaar verbinden, vragen beantwoorden, puzzels oplossen en tekeningen maken.

✔ *Zelf verantwoordelijk voor leerproces*

Het gebruik van digitale leeromgevingen in de klaspraktijk houdt een verschuiving in van een leerkrachtgestuurde naar een meer leerlinggerichte benadering. Dat vraagt van leerlingen een grotere zelfstandigheid, waarbij zij meer verantwoordelijkheid dienen op te nemen voor hun leerproces. Het leren in een digitale leeromgeving vergt immers heel wat als het aankomt op de verwerking van inhoud. Daarom doen digitale leeromgevingen in belangrijke mate een beroep op het vermogen tot zelfregulerend leren van leerlingen. Zelfregulerend leren is een actief en constructief proces, waarbij leerlingen verschillende aspecten combineren. Zo stellen zij leerdoelen voorop. Ze passen hierbij strategieën toe om hun leerproces te plannen, te bewaken dat alles volgens plan verloopt en hun resultaten te evalueren. Daarnaast selecteren en gebruiken zelfregulerende leerlingen diverse leerstrategieën om informatie te verwerven. Zelfregulerende leerlingen zijn ook gemotiveerd om te leren: ze zetten door om tot diepgaand begrip te komen en vooruitgang te realiseren.

Het vermogen tot zelfregulerend leren kan op verschillende manieren gestimuleerd worden. Een voorbeeld daarvan is leerlingen keuzes laten maken over de soort ondersteuning die ze op een gegeven moment willen aanwenden. Een leerling de verantwoordelijkheid geven over de tijd die hij/zij besteedt aan de te verwerken nieuwe informatie is een andere mogelijkheid. Dat helpt om grote porties informatie op te delen in bevattelijke onderdelen. Op zijn beurt kan dit de opbouw van schema's ondersteunen. Leerlingen kunnen zo reflecteren over nieuwe informatie en deze stapje per stapje integreren in reeds bestaande cognitieve schema's in het langetermijngeheugen. Het maken van notities draagt ook bij tot zelfregulerend leren: dat helpt om informatie op een persoonlijke manier te structureren en tot een diepgaand begrip van de inhoud te komen.

In E-Validiv?

Zelf het tempo bepalen

De leerlingen doorlopen zelfstandig elke fase van een subthema. Met behulp van een pijl kunnen zij doorklikken naar een volgende pagina. Zo beslissen zij zelf hoeveel tijd ze aan een bepaalde fase besteden en kunnen zij op eigen tempo het subthema doorlopen.

Nota's nemen in het digitaal notitieboekje

Leerlingen kunnen in het digitaal notitieboekje in om het even welke taal noteren wat volgens hen belangrijk is. Op die manier leren zij de belangrijkste informatie selecteren aan de hand van kernwoorden, krijgen ze stimulansen om op zoek te gaan naar de hoofdgedachte in de tekst, leren ze schematiseren en komen ze zo tot een diepgaande verwerking van de nieuwe informatie. Aangezien iedereen informatie op een persoonlijke manier verwerkt wordt, is het belangrijk dat een leerling zelf bepaalt wat hij/zij noteert in het notitieboekje en hierin ook structuur aanbrengt. Leerlingen kunnen bijvoorbeeld woorden in het vet of het cursief zetten, onderstrepen en markeren.

Leerlingen geven aan dat zij het notitieboekje vooral gebruiken om belangrijke, nieuwe of complexe inhoud te benadrukken. Daarnaast helpt het notitieboekje hen om oefeningen op te lossen in de toepassingsfases.

4.3.2 WAT HEEFT EEN DIGITALE LEEROMGEVING NODIG OM INSTRUCTIERIJK TE ZIJN?

Instructie biedt het kader waarbinnen leren gerealiseerd wordt. Om tot leren te komen binnen een digitale leeromgeving is het daarom belangrijk dat leerlingen structuur aangeboden krijgen en gegidst worden op hun weg doorheen de leeromgeving. Ook het aanspreken van hun voorkennis helpt hen om vat te krijgen op de leerstof.

✔ *Structuur aanbieden*

Een van de belangrijkste kenmerken van instructie is het aanbieden van structuur. Vrije exploratie van een digitale leeromgeving is vaak erg uitdagend en kan zelfs tot een overbelasting van het werkgeheugen leiden. Duidelijk gestructureerde instructie is daarom nodig om tot een succesvolle verwerving van kennis en vaardigheden te komen.

Bij de verwerving van nieuwe informatie komt die informatie eerst in het werkgeheugen terecht. Daar wordt ze bewerkt en geïntegreerd in bestaande cognitieve schema's vóór ze kan opgeslagen worden in het langetermijngeheugen. Het werkgeheugen heeft echter een beperkte capaciteit, zowel op het vlak van hoeveelheid informatie die kan vastgehouden worden als op het vlak van de duur dat de informatie in het werkgeheugen kan blijven. Daarom is het belangrijk de informatie te presenteren in duidelijke onderdelen. Daarnaast heeft het gepresenteerde materiaal het best een samenhangende structuur. Zo kan een leerling de informatie efficiënt bewerken in het werkgeheugen. Een vaste structuur in een digitale leeromgeving kan leerlingen ankerpunten bieden, zodat zij weten wat ze kunnen verwachten.

In E-Validiv?

Vaste opeenvolging van fases

E-Validiv is thematisch opgebouwd, waarbij een breed aanbod aan thema's telkens uitgediept wordt in een aantal subthema's. Elk subthema volgt een vaste structuur, waarin vier verschillende fases elkaar opvolgen. Deze vaste structuur zorgt ervoor dat leerlingen een houvast hebben. In de pretestfase (1) ligt de focus op het activeren van voorkennis. De daaropvolgende instructiefase (2) biedt nieuwe informatie aan door middel van tekst, verduidelijkende afbeeldingen en tabellen. Op deze fase volgt de toepassingsfase (3), waarin de focus ligt op het aanwenden van de nieuw verworven informatie in verschillende soorten oefeningen. De laatste fase is de evaluatiefase (4), waarin de leerlingen kunnen nagaan wat zij geleerd hebben uit het subthema aan de hand van een aantal afsluitende vragen.

Vaste lay-out

Elk scherm van een subthema is identiek opgebouwd (zie ook pagina 66). De lay-out van het scherm blijft dus dezelfde doorheen de verschillende subthema's. Dat helpt leerlingen om zichzelf wegwijs te maken in de digitale leeromgeving en om eenvoudig de passende ondersteuning te vinden.

✔ *Begeleiding*

Net zoals het voorzien van structuur is ook het bieden van begeleiding cruciaal in een informatierijke omgeving, zoals een digitale leeromgeving. De begeleiding helpt leerlingen om gefocust te blijven, hun weg te vinden en hun activiteiten te organiseren. Zo kunnen zij zich actief engageren in het selecteren, organiseren en verwerken van nieuwe informatie. Begeleiding kan verschillende vormen aannemen, zoals nieuwe elementen signaleren, verwachtingen scheppen en feedback geven.

Onderzoek heeft reeds aangetoond dat leerlingen sterker presteren wanneer ze in interactie kunnen gaan met een pedagogische agent. Dat is een personage dat kan geïntegreerd worden in een digitale leeromgeving om leerlingen te ondersteunen in hun leerproces. Een pedagogische agent kan hen begeleiden, adviseren en feedback geven, afhankelijk van hun behoeften. Deze kan de vorm aannemen van een persoon of een figuurtje. Daarnaast kan een pedagogische agent leerlingen stimuleren om de ondersteuning in de leeromgeving effectief in te zetten. Leerlingen louter tools aanbieden impliceert immers niet altijd dat ze deze ook daadwerkelijk gaan gebruiken. Bovendien kan een pedagogische agent een belangrijke rol spelen in het motiveren van leerlingen.

Het voorzien van feedback is een specifiek maar essentieel aspect van het bieden van begeleiding. Feedback is de informatie die een leerling krijgt over zijn prestaties of begrip, bijvoorbeeld van een leerkracht, een klasgenootje of een digitale leeromgeving. Meestal is feedback erop gericht om het leren te verbeteren en zo de kloof te dichten tussen datgene wat de leerling al onder de knie heeft en datgene wat hij/zij nog niet helemaal beheerst. Verschillende vormen van feedback zijn mogelijk, zoals het meedelen dat een antwoord juist of fout is, aangeven dat meer informatie nodig is of suggesties bieden voor alternatieve strategieën of denkpistes. Op deze manier kan feedback leerlingen ondersteunen om hun opgebouwde schema's aan te passen en te automatiseren. Het bieden van onmiddellijke feedback op een persoonlijke manier is een van de sterktes van digitale leeromgevingen.

In E-Validiv?	**Papegaai Pi**
	Papegaai Pi is de meertalige mascotte van E-Validiv. Deze pedagogische agent begeleidt de leerlingen doorheen de subthema's. Hij verwelkomt de leerlingen bij de start van een subthema, vertelt hen wat ze mogen verwachten, geeft uitleg en voorziet feedback bij toepassingen. Een voorbeeld: wanneer een leerling een oefening de eerste keer niet helemaal correct heeft in de toepassingsfase, geeft papegaai Pi hem/haar een tip om de oefening bij een volgende poging juist op te lossen.

✔ *Voorkennis aanspreken*

De verwerving van nieuwe kennis is een traag en intensief leerproces. Wanneer leerlingen nieuwe informatie aangeboden krijgen, is het cruciaal dat ze hun eerdere ervaringen en achtergrondkennis activeren. Dat helpt hen om wat ze al weten te koppelen aan de aangeboden informatie en zo tot een diepgaander begrip te komen. Om die nieuwe informatie in te bedden in een betekenisvol geheel, moeten leerlingen dus bruikbare cognitieve schema's aanspreken in hun langetermijngeheugen. De vrijgekomen ruimte in het werkgeheugen kunnen zij aanwenden voor andere en meer complexe cognitieve leerprocessen. Leerlingen gebruiken dus het best wat ze al weten over een onderwerp om vat te krijgen op de nieuwe informatie en deze te helpen structureren.

In E-Validiv?	Voorkennis aanspreken in de pretestfase
	Elk subthema begint met een pretestfase. Daarin krijgen de leerlingen een aantal meerkeuzevragen om hun nieuwsgierigheid te wekken en hun voorkennis over het onderwerp aan te spreken. Zo activeren zij de reeds bestaande cognitieve schema's in hun langetermijngeheugen. Dat helpt hen om de nieuwe informatie op een betekenisvolle manier te verwerven en op te slaan.

4.3.3   WAT HEEFT EEN DIGITALE LEEROMGEVING NODIG OM TALIG RIJK TE ZIJN?

Naast het realiseren van leren en het geven van instructie, bieden digitale leeromgevingen heel wat kansen om de aanwezige talige diversiteit in de klas te benutten als een bron voor leren. Wanneer in het bijzonder de thuistaal van meertalige leerlingen als een volwaardige partner aangesproken wordt, kunnen deze leerlingen kennis, vaardigheden en strategieën uitwisselen tussen beide talen en zo hun leerproces versterken. Het bieden van zowel visuele als auditieve input vormt hierbij een belangrijk hulpmiddel.

✔ Gelijkwaardigheid van talen

Meertalige leerlingen krijgen vaak impliciet of expliciet de boodschap dat hun thuistaal een struikelblok vormt voor een succesvolle schoolcarrière. Dat belemmert hen echter om hun thuistaal te beschouwen als een bron die ze kunnen aanwenden in hun leerproces. Een eerste belangrijke stap om de thuistaal van meertalige leerlingen te erkennen als een waardevolle partner voor het leren in het Nederlands bestaat er daarom in dat zij toegang krijgen tot beide talen. Dat geeft meertalige leerlingen het signaal dat hun thuistaal gelijkwaardig is aan de instructietaal Nederlands en dat zij dus hun thuistaal kunnen inzetten in hun leerproces.

Taal is volgens de Russische psycholoog Vygotsky een van de essentiële tools die we leren verwerven om betekenis te geven aan de wereld rondom ons. Taal biedt de mogelijkheid om zaken te benoemen, erover na te denken en dus een relatie op te bouwen tussen jezelf en de omgeving. Dat impliceert dat alle vormen van kennisverwerving en vaardigheidsontwikkeling geworteld zijn in taal en erdoor ondersteund worden. Wanneer de thuistaal van meertalige leerlingen echter wordt uitgesloten uit de klaspraktijk, betekent dit dat zij geen beroep kunnen doen op een van de belangrijkste tools om hun leerproces in goede banen te leiden. Leerlingen toelaten om hun thuistaal aan te wenden houdt in dat zij hun reeds opgebouwde kennis en vaardigheden in hun thuistaal kunnen aanspreken als ondersteuning voor hun leerproces in het Nederlands. Zo kunnen zij een belangrijke stap verder geraken, voorbij wat mogelijk zou geweest zijn als zij enkel Nederlands hadden kunnen inzetten.

In E-Validiv?

Toegang tot dezelfde inhoud in twee verschillende talen

De inhoud in E-Validiv is beschikbaar in zeven verschillende talen, namelijk in het Nederlands, Engels, Frans, Italiaans, Pools, Spaans en Turks. Een leerling krijgt altijd toegang tot twee talen, namelijk Nederlands en een andere taal. De andere taal wordt vastgelegd op basis van de talige achtergrond of de voorkeur van de leerling. Bijvoorbeeld: Onur spreekt thuis meestal Turks met zijn ouders en Nederlands met zijn zus. Onur krijgt E-Validiv aangeboden in het Nederlands en het Turks. Alice spreekt thuis Nederlands met haar ouders en twee broertjes, maar heeft al wat woordjes Engels geleerd op vakantie in Groot-Brittannië en via televisie. Zij doorloopt E-Validiv in het Nederlands en het Engels. Soraya spreekt vooral Berbers met haar ouders en Nederlands met haar oudere zus en broer. Berbers is niet beschikbaar in E-Validiv als andere taal, maar Soraya zou heel graag Frans leren. Dan kan ze Franse woorden en uitdrukkingen leren die ze goed kan gebruiken voor de lessen Frans. Daarom is E-Validiv voor haar beschikbaar in het Nederlands en het Frans. Elke leerling heeft toegang tot precies dezelfde inhoud in beide talen.

✔ *Transfer tussen talen*

De thuistaal van meertalige leerlingen kan een belangrijke rol vervullen in de ondersteuning van het leerproces in het Nederlands. In lijn met de talige interdependentiehypothese van Cummins is de competentie die een leerling opbouwt in de instructietaal Nederlands sterk verbonden met en beïnvloed door de kennis, vaardigheden en strategieën die een leerling reeds heeft ontwikkeld in zijn/haar thuistaal, en vice versa. Dat maakt een uitwisseling van informatie tussen beide talen mogelijk. Voor meertalige leerlingen betekent dat dus dat zij de verwerving van nieuwe zaken in het Nederlands kunnen ondersteunen door de transfer van kennis, vaardigheden en strategieën die zij reeds in hun thuistaal bezitten.

De integratie van de thuistaal van meertalige leerlingen in de klaspraktijk kan hun leerproces op diverse manieren verrijken. Ten eerste kunnen meertalige leerlingen hun thuistaal benutten als een belangrijke informatiebron om betekenis te construeren in het Nederlands. Door middel van informatie die zij reeds verworven hebben in hun thuistaal kunnen zij bijvoorbeeld meer inzicht krijgen in concepten in het Nederlands. Ten tweede kunnen meertalige leerlingen via hun thuistaal een beroep doen op een bredere waaier aan voorkennis.

Zij kunnen dan immers ook voorkennis in hun thuistaal aanspreken, terwijl dat anders beperkt zou blijven tot voorkennis in het Nederlands. Ten derde wordt de inhoud van de lessen en de taken toegankelijker wanneer leerlingen hun thuistaal kunnen inzetten. De verheldering van woorden, vragen en opdrachten door middel van hun thuistaal helpt hen om te begrijpen wat van hen verwacht wordt wanneer zij de noodzakelijke kennis in het Nederlands nog niet verworven hebben. Ten vierde kan de integratie van zowel de thuistaal als de instructietaal voor het leren van hetzelfde materiaal het inzicht versterken in hoe talen werken. Dat stimuleert dan weer het meertalige bewustzijn. Dit alles samen leidt ertoe dat leerlingen zelf barrières kunnen overwinnen, op een hoger cognitief niveau kunnen werken en zich meer kunnen richten op betekenisconstructie. Het switchen tussen talen is hierbij een nuttige leerstrategie om connecties te leggen tussen inhoud in beide talen en om dus die uitwisseling van informatie mogelijk te maken.

In E-Validiv?

Wisselen tussen talen via de taalswitchknop

Via de taalswitchknop (zie pagina 66, rechts bovenaan het scherm in de vorm van een wereldbol) kan een leerling onbeperkt switchen tussen het Nederlands en de andere taal. Nederlandstalige leerlingen kunnen zo hun kennis en vaardigheden in het Nederlands toepassen om zaken in een andere taal te begrijpen. Dat kan hun meertalige bewustzijn stimuleren en hen voorbereiden op vreemdetalenonderwijs (bijvoorbeeld: Frans, Engels) in hun toekomstige schoolcarrière. Tezelfdertijd kunnen meertalige leerlingen hun thuistaal als ondersteuning inzetten in hun leerproces: de kennis en de vaardigheden die zij reeds hebben opgebouwd in hun thuistaal kunnen zij aanspreken als een waardevolle bron voor de verwerving van leerinhouden en de ontwikkeling van schoolse taalvaardigheid, zowel in het Nederlands als in hun thuistaal.

Neem bijvoorbeeld Yasmina, een leerling die een aantal jaren geleden vanuit de Dominicaanse Republiek naar België is verhuisd en thuis Spaans spreekt met haar ouders. Zij heeft E-Validiv beschikbaar in het Nederlands en in haar thuistaal, Spaans. In het subthema over België moet ze de volgende vraag beantwoorden: 'In welk gebied van deze kaart kunnen we Brussel situeren?' Ze begrijpt niet wat 'situeren' betekent en switcht naar het Spaans. De Spaanse vertaling 'se encuentra' verstaat ze wel. Hierdoor kan ze verder en beantwoordt ze de vraag correct in het Nederlands. Ook het begrip van concepten (bijvoorbeeld: de vorming van druppeltjes op het raam wanneer het buiten koud is, heet 'condensatie') en oorzaak-gevolgrelaties (bijvoorbeeld: het vocht dat uit de zee opstijgt door de zon vormt wolken; wanneer deze over het land trekken kan er regen uitvallen) kan versterkt worden door de kennis die meertalige leerlingen door vroegere ervaringen, onder andere in hun thuistaal, reeds hebben opgebouwd.

Blik op enkele resultaten

Over het algemeen besteden leerlingen de meeste tijd in E-Validiv aan de inhoud in het Nederlands. Dat geldt niet alleen voor Nederlandstalige leerlingen; ook meertalige leerlingen die hun thuistaal beschikbaar hebben in E-Validiv doorlopen de subthema's het meest in het Nederlands.

Een voorbeeld: in het subthema 'Kijk uit!' (over het verkeer, files en luchtverontreiniging) doorlopen meertalige leerlingen die hun thuistaal beschikbaar hebben gedurende 30.2% van de tijd de inhoud in hun thuistaal. Meertalige leerlingen die geen toegang hebben tot hun thuistaal en Nederlandstalige leerlingen wijden respectievelijk 23.6% en 15.5% van hun tijd aan de inhoud in de andere taal. Meertalige leerlingen die toegang hebben tot hun thuistaal in E-Validiv spenderen dus meer tijd aan de inhoud in hun thuistaal. Toch ligt ook bij meertalige leerlingen de focus voornamelijk op de inhoud in het Nederlands: zij blijven gedurende 69.8% van de tijd gericht op de inhoud in het Nederlands. Dat wijst erop dat meertalige leerlingen de inhoud in hun thuistaal in de eerste plaats als opstap gebruiken om hun leerproces in het Nederlands te ondersteunen.

	Percentage tijdsduur andere taal in E-Validiv	Percentage tijdsduur Nederlands in E-Validiv
Meertalige leerlingen voor wie de andere taal hun thuistaal is	30.2%	69.8%
Meertalige leerlingen die hun thuistaal niet beschikbaar hebben	23.6%	76.4%
Nederlandstalige leerlingen voor wie de andere taal een vreemde taal is	15.5%	84.5%

Tabel 4.2. Tijdsduur in E-Validiv in andere taal en Nederlands.

Bovendien spenderen vooral meertalige leerlingen die zichzelf hoog inschatten op het vlak van hun taalvaardigheid in hun thuistaal meer tijd aan de inhoud in hun thuistaal. Zij voelen zich met andere woorden zelfverzekerder om hun thuistaal in te zetten als hulpmiddel dan meertalige leerlingen die van zichzelf denken dat ze hun thuistaal niet zo goed beheersen. Vooral meertalige leerlingen die zwak presteren voor wereldoriëntatie en zichzelf bovendien niet hoog inschatten voor de vaardigheid in hun thuistaal, hebben extra begeleiding nodig om de tweetalige inhoud van E-Validiv efficiënt te kunnen inzetten in hun leerproces. Dat is noodzakelijk om hun thuistaal ten volle aan te spreken als ondersteuning voor het versterken van hun prestaties in het Nederlands.

Meertalige leerlingen switchen vooral van het Nederlands naar hun thuis-taal om moeilijke woorden te begrijpen en dus om betekenis te construe-ren. Zij ervaren wel af en toe moeilijkheden met typische schoolwoorden (bijvoorbeeld: evenaar) in beide talen; de vertaling in hun thuistaal kan hen dan soms onvoldoende helpen. Sommigen geven ook aan dat ze terugke-ren naar de inhoud in het Nederlands omdat ze zich niet zo vaardig voelen in hun thuistaal. Daarnaast beseffen meertalige leerlingen niet altijd dat ze het aanbod in hun thuistaal kunnen inzetten om hun leerproces in het Nederlands te ondersteunen.

Nederlandstalige leerlingen doorlopen de inhoud in E-Validiv ook in de vreemde taal, zij het in beperkte mate. Dat geeft aan dat Nederlandstalige leerlingen wel nieuwsgierig zijn naar de inhoud in de vreemde taal. Door die toegang kunnen ze beide talen vergelijken, hun talige repertoire verrijken en hun meertalige bewustzijn stimuleren. Dat kan hen helpen om meer inzicht te verkrijgen in de structuur van talen.

✔ Combinatie van visuele en auditieve input

De combinatie van zowel geschreven tekst (= visueel) als gesproken woorden (= auditief) biedt leerlingen de mogelijkheid om de informatie op het scherm te lezen, ernaar te luisteren of beide vormen van input te gebruiken. Dat helpt om de beperkte capaciteit van het werkgeheugen uit te breiden. Volgens de Cogni-tieve Theorie van Multimedialeren van Mayer is het werkgeheugen namelijk opge-bouwd uit twee kanalen: een visueel kanaal en een auditief kanaal. Dat zijn twee aparte en gedeeltelijk onafhankelijke systemen die gelijktijdig informatie kunnen verwerken. Wanneer je een tekst leest en tezelfdertijd hoort, verwerk je de geschre-ven informatie in het visuele systeem en de corresponderende gesproken informa-tie in het auditieve systeem van het werkgeheugen. Het aangeboden krijgen van informatie in zowel de visuele als de auditieve vorm helpt je dus om de capaciteit van het werkgeheugen optimaal te benutten. Zo kun je je meer richten op de bete-kenis van de aangeboden inhoud.

Daarnaast gebruiken meertalige leerlingen in hun communicatie met hun ou-ders, broers of zussen vaak de gesproken variant van hun thuistaal. Ze hebben bovendien niet altijd toegang tot boeken en andere geschreven materialen in hun thuistaal. Bijgevolg kan hun leesvaardigheid in hun thuistaal minder sterk ont-wikkeld zijn. Als dat het geval is, dan kan het geschreven aanbod in de thuistaal juist een barrière vormen. Onderstuning van de geschreven tekst door middel van gesproken woorden helpt om informatie op een authentieke manier aan te bieden. Met andere woorden: de gecombineerde visuele en auditieve input biedt mogelijkheden om de inhoud toegankelijker te maken en om dus te focussen op de betekenis ervan.

In E-Validiv?

Toegang tot auditieve input via text-to-speech

Door middel van text-to-speech technologie kunnen de leerlingen alle tekst op het scherm in elke instructiefase en toepassingsfase laten voorlezen door een computerstem. De text-to-speech is beschikbaar in de verschillende talen die in E-Validiv aanwezig zijn. Zodra een leerling op een nieuw scherm komt, start de text-to-speech automatisch in de geselecteerde taal. Leerlingen kunnen er ook voor kiezen om de text-to-speech te pauzeren of opnieuw af te spelen. Wanneer een leerling naar de andere taal switcht en terugkeert, wordt de text-to-speech opgepikt waar de leerling is gestopt.

Resultaten op een rijtje

Meertalige leerlingen die toegang hebben tot hun thuistaal in E-Validiv luisteren gemiddeld 23.4% van de tijd naar text-to-speech in hun thuistaal. Meertalige leerlingen die hun thuistaal niet beschikbaar hebben in E-Validiv en Nederlandstalige leerlingen spenderen minder tijd aan de text-to-speech in de andere taal. Toch luisteren ook meertalige leerlingen die hun thuistaal beschikbaar hebben in E-Validiv nog steeds 76.6% van de tijd naar de text-to-speech in het Nederlands. Dit is in lijn met de vaststelling dat meertalige leerlingen de meeste tijd in E-Validiv doorbrengen in het Nederlands. Daarnaast besteden meertalige leerlingen met Turks als thuistaal minder tijd aan de text-to-speech in het Turks.

Meertalige leerlingen die niet zelfverzekerd zijn over de vaardigheid in hun thuistaal spenderen ook minder tijd aan text-to-speech in hun thuistaal. Tot slot gebruiken leerlingen de text-to-speech meer in het Nederlands wanneer zij vaak boeken lezen in het Nederlands en veel kijken naar Nederlandstalige televisieprogramma's.

	Percentage text-to-speech in andere taal in E-Validiv	Percentage text-to-speech in Nederlands in E-Validiv
Meertalige leerlingen voor wie de andere taal hun thuistaal is	23.4%	76.6%
Meertalige leerlingen die hun thuistaal niet beschikbaar hebben	11.7%	88.3%
Nederlandstalige leerlingen voor wie de andere taal een vreemde taal is	9.8%	90.2%

Tabel 4.3. Gebruik van text-to-speech in E-Validiv in andere taal en Nederlands.

Meertalige leerlingen gebruiken de text-to-speech vooral om zaken beter te kunnen begrijpen. Een aantal onder hen geeft ook aan moeite te hebben met het lezen in hun thuistaal. De text-to-speech helpt hen om dit obstakel te overwinnen. Daarnaast luisteren sommige leerlingen liever dan dat ze lezen, al hangt dat af van de persoonlijke voorkeur.

4.4 WAT BRENGT DE TOEKOMST?

In dit hoofdstuk hebben we een aantal essentiële bouwstenen voorgesteld waardoor een digitale leeromgeving het leren in een talig diverse context kan ondersteunen. We hebben hierbij een onderscheid gemaakt tussen bouwstenen die een digitale leeromgeving leerrijk, instructierijk en talig rijk kunnen maken. Deze bouwstenen hebben we ook toegepast op E-Validiv, de digitale leeromgeving die is ontwikkeld in het kader van het Validiv-project.

E-Validiv is uniek in de Nederlandstalige context. Niet alleen is er een ruime keuze aan talen beschikbaar; met de digitale leeromgeving kunnen we ook een inclusieve klasaanpak nastreven. Zowel meertalige als Nederlandstalige leerlingen kunnen er immers mee aan de slag: terwijl Nederlandstalige leerlingen voor hen vreemde talen leren kennen en zo hun meertalige bewustzijn stimuleren, kunnen meertalige leerlingen hun thuistaal aanwenden om hun leerproces te ondersteunen en zo functioneel veeltalig leren te realiseren.

Uit de bevindingen van het onderzoek omtrent E-Validiv concluderen we dat meertalige leerlingen in een digitale leeromgeving hun thuistaal functioneel inzetten als een krachtige bron om te leren. Hun focus ligt in de eerste plaats op de inhoud in het Nederlands. Overschakelen naar hun thuistaal doen ze occasioneel, bijvoorbeeld wanneer ze een woord niet begrijpen. Door hun thuistaal op die manier in te zetten, kunnen zij zelf het verschil maken in het versterken van hun leerproces. Het benutten van hun thuistaal helpt hen immers om obstakels in het Nederlands te overwinnen. Tezelfdertijd bevestigt het hen in de waarde van hun thuistaal om hun leerproces te ondersteunen. Meertalige leerlingen gebruiken hun thuistaal dus in de eerste plaats als een hefboom om betekenis te geven aan inhouden in het Nederlands, hun leerproces te stimuleren en zo kennis op te bouwen.

Een aandachtspunt is wel dat meertalige leerlingen drempels kunnen ervaren om hun thuistaal in te zetten. Hierdoor benutten zij hun thuistaal nog niet altijd optimaal in een digitale leeromgeving zoals E-Validiv. Zo ervaren ze soms in beide talen moeilijkheden met typische schoolwoorden. Daarnaast blijken leerlingen die zich minder vaardig voelen in hun thuistaal minder gebruik te maken van hun thuistaal als opstap voor hun leerproces. Bovendien beseffen meertalige leerlingen niet altijd dat ze het aanbod in hun thuistaal daadwerkelijk mogen aanspreken om hun leerproces in het Nederlands te ondersteunen. Dat kan deels verklaard worden door de vaak sterke nadruk op Nederlands op school en deels ook door de innovatieve aanpak van het project: meertalige leerlingen kregen met het gebruik van E-Validiv vaak voor de eerste keer de kans om hun thuistaal in te zetten in hun leerproces.

Om na te gaan of E-Validiv meertalige leerlingen helpt in het versterken van hun leerprestaties en Nederlandstalige leerlingen stimuleert in hun meertalige bewustzijn is meer onderzoek noodzakelijk. Hierbij is het belangrijk dat E-Validiv ingebed is in een bredere klaspraktijk, waarin de aanwezige talige diversiteit beschouwd wordt als een verrijking voor ieders leerproces. De leerkracht kan hierbij een ondersteunende rol opnemen, waarbij hij/zij de leerlingen door middel van de digitale leeromgeving stimuleert om de beschikbare tools daadwerkelijk in te zetten en zo hun meertalige repertoire ten volle aan te spreken. Dat kan leerlingen helpen om een diepgaand begrip van inhoud in het algemeen en sleutelconcepten in het bijzonder te ontwikkelen. De leerkracht kan hierbij zelf de inhoud mee verrijken door concepten toe te lichten aan de hand van omschrijvingen, afbeeldingen, video's en animaties. Ook klasgenootjes kunnen een belangrijke hulpbron vormen (zie hoofdstukken 3 en 5).

E-Validiv is er zeker niet op gericht om de huidige methoden wereldoriëntatie te vervangen. De digitale leeromgeving is bovenal een middel dat de leerkracht ter beschikking heeft om zijn/haar klaspraktijk te verrijken. E-Validiv vormt een aanvulling om wat aan bod komt in de reguliere lessen op een alternatieve manier aan te bieden, verder in te oefenen en te verdiepen door flexibel in te spelen op de noden van de leerlingen.

Het onderzoek naar de ontwikkeling en het gebruik van E-Validiv biedt een unieke blik op hoe digitale leeromgevingen kansen kunnen bieden om het leren van zowel meertalige als Nederlandstalige leerlingen te ondersteunen in een talig diverse context. Zij vormen een veelbelovend middel om de thuistaal van meertalige leerlingen doelbewust in te zetten in hun leerproces, zo de klasactiviteiten te faciliteren en bij elke leerling tot sterke leerprestaties te komen. Een belangrijke randvoorwaarde hierbij is de aanwezigheid van een goed uitgebouwd ICT-aanbod op school (bijvoorbeeld: computers, tablets, geschikte internetverbinding). De beschikbaarheid van een grotere waaier aan talen zou ook impliceren dat nog meer leerlingen effectief gebruik kunnen maken van hun thuistaal als ondersteuning voor hun leerproces. Tot slot is het essentieel dat een digitale leeromgeving als E-Validiv deel uitmaakt van een schoolbrede aanpak waarin de aanwezige talige diversiteit positief benaderd wordt. De ontwikkeling van meertalige digitale leeromgevingen in het algemeen, en E-Validiv in het bijzonder, vormt een belangrijke stap om met behulp van ICT de aanwezige talige diversiteit niet langer te beschouwen als een hindernis, maar te benutten als een waardevolle bron voor de klaspraktijk van de leerkrachten en een effectieve strategie voor het leerproces van de leerlingen.

REFERENTIES

Adesope, O.O., & Nesbit, J.C. (2012). Verbal redundancy in multimedia learning environments: A meta-analysis. *Journal of Educational Psychology, 104*, 250-263.

Agirdag, O. (2010). Exploring bilingualism in a monolingual school system: Insights from Turkish and native students from Belgian schools. *British Journal of Sociology of Education, 31*, 307-321.

August, D., & Shanahan, T. (Eds.) (2006). *Developing literacy in second-language learners: Report of the National Literacy Panel on language-minority children and youth.* Mahwah, NJ: Lawrence Erlbaum.

Baker, C. (2011). *Foundations of Bilingual Education and Bilingualism* (5th ed.). Bristol, UK: Multilingual Matters.

Clarebout, G., Elen, J., Johnson, W.L., & Shaw, E. (2002). Animated pedagogical agents: An opportunity to be grasped? *Journal of Educational Multimedia and Hypermedia, 11*, 267-286.

Clark, D.B., Touchman, S., Martinez-Garza, M., Ramirez-Marin, F., & Drews, T.S. (2012). Bilingual language supports in online science inquiry environments. *Computers & Education, 58*, 1207-1224.

Cummins, J. (1979). Linguistic interdependence and the educational development of bilingual children. *Bilingual Education Paper Series, 3*(2), 2-69.

Dalton, B., & Proctor, C.P. (2007). Reading as thinking: Integrating strategy instruction in a universally designed digital literacy environment. In D.S. McNamara (Ed.), *Reading comprehension strategies: Theories, interventions, and technologies* (pp. 421-439). Mahwah, NJ: Lawrence Erlbaum Associates.

Dalton, B., & Strangman, N. (2006). Improving struggling readers' comprehension through scaffolded hypertexts and other computer-based literacy programs. In M.C. McKenna, L.D. Labbo, R.D. Kieffer, & D. Reinking (Eds.), *International Handbook of Literacy and Technology – Volume II* (pp. 75-92). Mahwah, NJ: Lawrence Erlbaum Associates.

Devolder, A., Van Braak, J., & Tondeur, J. (2012). Supporting self-regulated learning in computer-based learning environments: Systematic review of effects of scaffolding in the domain of science education. *Journal of Computer Assisted Learning, 28*, 557-573.

Duibhir, P., & Cummins, J. (2012). *Towards an integrated language curriculum in early childhood and primary education (3-12 years) – Commissioned research report.* Dublin: National Council for Curriculum and Assessment.

Hattie, J., & Timperley, H. (2007). The power of feedback. *Review of Educational Research, 77*, 81-112.

Jiménez, J.E., García, G.E., & Pearson, P.D. (1996). The reading strategies of bilingual Latina/o students who are successful English readers: Opportunities and obstacles. *Reading Research Quarterly, 31*, 90-112.

Kenner, C., Gregory, E., Ruby, M., & Al-Azami, S. (2008). Bilingual learning for second and third generation children. *Language, Culture and Curriculum, 21*, 120-137.

Kester, K., & Van Merriënboer, J. (2013). Effectief leren van multimediale leerbronnen. *4W: Weten Wat Werkt en Waarom, 2*, 14-51.

Lajoie, S.P., & Azevedo, R. (2006). Teaching and learning in technology-rich environments. In P.A. Alexander, & P.H. Winne, *Handbook of educational psychology* (pp. 803-821) (2nd edition). Mahway, NJ: Lawrence Erlbaum Associates.

Mayer, R.E. (Ed.) (2005). *The Cambridge Handbook of Multimedia Learning* (pp. 31-48). New York, NY: Cambridge University Press.

Mayer, R.E. (2010). Cognitive theory of multimedia learning. In R.E. Mayer (Ed.), *The Cambridge Handbook of Multimedia Learning* (pp. 31-48). New York, NY: Cambridge University Press.

Merrill, M.D., Drake, L., Lacy, M.J., & Pratt, J. (1966). Reclaiming instructional design. *Educational Technology, 36*, 5-7.

Moreno, R., & Mayer, R.E. (2002). Verbal redundancy in multimedia learning: When reading helps listening. *Journal of Educational Psychology, 94*, 156-163.

Moreno, R., & Mayer, R. (2007). Interactive multimodal learning environments. *Educational Psychology Review, 19*, 309-326.

Moreno, R., Mayer, R.E., Spires, H.A., & Lester, J.C. (2001). The case for social agency in computer-based teaching: Do students learn more deeply when they interact with animated pedagogical agents? *Cognition and Instruction, 19*, 177-213.

Pintrich, P.R. (2005). The role of goal orientation in self-regulated learning. In M. Boe-kaerts, P.R. Pintrich, & M. Zeidner (Eds.), *Handbook of self-regulation* (pp. 451-502). Burlington, MA: Elsevier Academic Press.

Proctor, C.P., Dalton, B., & Grisham, D.L. (2007). Scaffolding English Language Learners and struggling readers in a universal literacy environment with embedded strategy instruction and vocabulary support. *Journal of Literacy research, 39*, 71-93.

Pulinx, R., Agirdag, O., & Van Avermaet, P. (2014). Taal en onderwijs: Percepties en praktij-ken in de klas. In N. Cliycq, C. Timmerman, P. Van Avermaet, J. Wets, & P. Hermans (Eds.), *Oprit 14. Naar een schooltraject zonder snelheidsbeperkingen* (pp. 97-133). Gent: Academia Press.

Sharma, P., & Hannafin, M.J. (2007). Scaffolding in technology-enhanced learning environ-ments. *Interactive Learning Environments, 15*, 27-46.

Sierens, S., & Van Avermaet, P. (2010). Taaldiversiteit in het onderwijs: van meertalig on-derwijs naar functioneel veeltalig leren. In P. Van Avermaet, K. Van den Branden, & L. Heylen (Eds.), *Goed geGOKt? Reflecties op twintig jaar gelijke-onderwijskansenbeleid in Vlaanderen* (pp. 69-87). Antwerpen-Apeldoorn: Garant.

Spector, J.M., Johnson, T.E., & Young, P.A. (2014). An editorial on research and develop-ment in and with educational technology. *Educational Technology Research and Deve-lopment, 62*, 1-12.

Sweller, J. (2010). Implications of cognitive load theory for multimedia learning. In R. May-er (Ed.), *The Cambridge Handbook of Multimedia Learning* (pp. 19-30). Cambridge: Cambridge University Press.

Vygotsky, L.S. (1978). *Mind in society: The development of higher psychological processes.* Cambridge, MA: Harvard University Press.

Zimmerman, B.J. (2005). Attaining self-regulation: A social cognitive perspective. In M. Boekaerts, P.R. Pintrich, & M. Zeidner (Eds.), *Handbook of self-regulation* (pp. 13-39). Burlington, MA: Elsevier Academic Press.

Hoofdstuk 5

Haal meer uit interactie! Meertalige interactie in de klas

Kirsten Rosiers

5.1 INLEIDING

Meertaligheid is een realiteit in het Vlaamse onderwijs. Zeker in stedelijke contexten valt het aandeel meertalige leerlingen in de klas niet te negeren. De Vlaamse gemeenschap, bevoegd voor onderwijs, houdt er echter een vaag en impliciet restrictief beleid op na inzake meertaligheid. Onder invloed van een focus op eentaligheid zorgt dit nauwelijks voor openingen om meertaligheid te laten renderen in de praktijk.

De vraag die dan rijst, is hoe er precies met meertaligheid wordt omgegaan in interactie in meertalige contexten waar het beleid vasthoudt aan een eentalig ideaal. In dit hoofdstuk gaan we dieper in op de omgang met meertaligheid in het onderwijs, hoe het al dan niet toegelaten wordt op schoolniveau, hoe het tot uiting komt op klasniveau en welke factoren daarbij een rol spelen.

In wat volgt, geven we eerst wat meer informatie over het bredere Vlaamse beleid en proberen we de aarzelende, vaak weigerachtige houding tegenover meertaligheid te kaderen. Alvorens we naar de resultaten overgaan, bespreken we de selectie van scholen waar dit Validiv-deelonderzoek op gebaseerd is.

5.2 HET VLAAMSE ONDERWIJSBELEID EN HET EENTALIGE IDEAAL

De taalwetgeving in het onderwijs wordt bepaald door de Vlaamse gemeenschap. In scholen behorend tot de Vlaamse gemeenschap geldt dat de instructietaal waarin leerlingen onderwezen moeten worden het Nederlands is. Dat betekent dat het Nederlands ook de onderwijstaal is in de Brusselse scholen die behoren tot de Vlaamse Gemeenschap.

Vlaanderen kent een lange geschiedenis en strijd voor een gelijke positie van het Nederlands, waardoor veel Vlamingen en beleidsmakers van mening zijn dat het Nederlands beschermd moet worden tegen variatie binnen het Nederlands (tussentaal, dialecten) en variatie van buiten het Nederlands (andere talen). Beleids-makers hebben het moeilijk om de meertaligheid, die we uitvoerig opmerken in de realiteit, te verzoenen met een beleid gericht op het behoud van het Nederlands (Verlot, 2002). Er is wel een beleid dat gaat over statustalen, denken we bijvoor-beeld aan CLIL (content and language integrated learning). Daarbij is het mogelijk om een inhoudsvak zoals aardrijkskunde in het Engels of Frans te onderwijzen. Over minderheidstalen zegt het beleid weinig tot niets. Het gevolg is dat het beleid impliciet restrictief is ten opzichte van andere talen en variëteiten van het Neder-lands (De Caluwe, 2012). De laatste talennota's van de ministers van Onderwijs Vandenbroucke (2004-2009) en Smet (2009-2014) focussen duidelijk op eentalig-heid, waardoor er een kloof bestaat tussen eentalig beleid en meertalige praktijk.

In beleidsteksten wordt een andere thuistaal dan het Nederlands gezien als een probleem en een mogelijk struikelblok voor succes in het onderwijs (Van den Bran-den & Verhelst, 2009). Wanneer leerlingen met een andere thuistaal dan het Ne-derlands naar school gaan, is het zaak om het Nederlands zo snel mogelijk te leren.

5.3   HET ONDERZOEK

Het Vlaamse onderwijs mag dan wel gekenmerkt worden door een eentalig beleid, de leerlingenrealiteit is dat niet. In dit onderzoek vragen we ons af hoe beleid en realiteit naast elkaar bestaan en of er al dan niet compromissen gemaakt worden. We gaan daarbij na of en hoe meertaligheid tot uiting komt in twee verschillende contexten. We focussen op het microniveau van de interactie, om op die manier de real-time dynamieken van taalgebruik te onderzoeken.

Twee klassen in twee verschillende stedelijke contexten werden diepgaand on-derzocht en gedurende eenzelfde schooljaar gevolgd. Er werden video-opnames gemaakt van spontane klassituaties, die werden aangevuld met interviews van leer-krachten en leerlingen. Op basis van drie criteria werden twee klassen geselecteerd (zie tabel 5.1). Een eerste selectiecriterium betreft de *context* waarin de scholen zich bevinden: we kozen voor scholen in een superdiverse stedelijke context. Dat zorgde voor een klas in een Gentse school en in een Brusselse school. In Gent is 29% van de inwoners van vreemde afkomst, 30% van de leerlingen in het lager onderwijs heeft een andere thuistaal dan Nederlands (Lokale Inburgerings- en Integratiemo-nitor Gent, 2015). De tweede klas die we selecteerden, behoort tot de groep van Brusselse Nederlandstalige scholen. Brussel is zo mogelijk nog diverser dan Gent. In Sint-Gillis, de gemeente waar de geselecteerde school zich bevindt, is 78% van de inwoners van vreemde afkomst (Datawarehouse arbeidsmarkt en sociale be-scherming, 2015) en heeft 72% van de leerlingen in het lager onderwijs een andere thuistaal dan Nederlands (Lokale Inburgerings- en Integratiemonitor Sint-Gillis, 2015). De talige context in beide scholen is echter ook verschillend: in Gent is de dominante omgevingstaal het Nederlands, in Brussel is dat vooral het Frans, al geldt het Nederlands als dominant binnen de ruimte van de geselecteerde school.

Aansluitend bij de diverse omgevingen selecteerden we *scholen* die de linguïstische diversiteit van de bredere context weerspiegelden. De Gentse klas bestaat uit 17 leerlingen met een waaier aan thuistalen: Engels, Spaans, Arabisch, Bulgaars. De meerderheid van de leerlingen deelt echter het Turks als thuistaal. In de Brusselse klas zitten 13 leerlingen die allemaal een of meerdere thuistalen hebben. Geen enkele leerling heeft Nederlands als enige thuistaal. Meestal bestaan de thuistalen uit een combinatie van Frans met een andere taal. Omdat we de twee klassen op andere niveaus wilden vergelijken dan enkel op het vlak van context, selecteerden we klassen in scholen met een totaal andere visie op het *beleid* rond meertaligheid. De Gentse school heeft een open beleid tegenover meertaligheid: andere talen dan het Nederlands zijn er welkom en mogen gebruikt worden in de klas. In de Brusselse school worden andere talen enkel toegelaten op de speelplaats, maar niet in de klas.

Tabel 5.1. De Gentse en de Brusselse klas.

Klas	Gentse klas	Brusselse klas
Aantal leerlingen	17 leerlingen	13 leerlingen
Andere talen naast Nederlands die gesproken worden	Engels, Spaans, Arabisch, Bulgaars, Turks Grootste groep spreekt Turks	Spaans, Lingala, Arabisch Lingua franca: Frans
Beleid	Thuistalen zijn toegelaten	Thuistalen zijn niet toegelaten in de klas

5.4   INTERACTIE IN EEN OPEN, MEERTALIGE KLASCONTEXT

In de Gentse school wordt meertaligheid positief gevaloriseerd: andere talen zijn er welkom in de klascontext als ze ingezet worden om te leren. In de klas geldt de regel dat leerlingen hun thuistaal mogen benutten in groepjes waar alle leerlingen die taal delen (homogene groepen). Als er een leerling aanwezig is die de gemeenschappelijke taal niet deelt (heterogene groep), moet worden overgeschakeld naar de taal die de leerlingen allemaal delen, namelijk het Nederlands. Door de aanwezigheid van een grote groep Turkse kinderen in de klas, betekent dit dat voornamelijk Turks en Nederlands te horen zijn.

Wanneer we in detail nagaan welke taal wanneer wordt gebruikt, dan maken we een onderscheid tussen enerzijds gesprekken over les- en leerinhouden en anderzijds gesprekken die minder met les- en leerinhouden te maken hebben. De Turkse leerlingen gebruiken vaker Turks wanneer ze met vriendjes praten over zaken die niet met les- en leerinhouden te maken hebben. In voorbeeld 1 zijn Turkse leerlingen in de klas aan het werken aan een opdracht. In de laatste regels schakelen ze over op het onderwerp 'kledij'. De leerlingen keuvelen wat over iets dat niet meteen tot les- en leerinhouden behoort. Door deze switch naar onderwerpen die minder met les- en leerinhouden te maken hebben, schakelen ze over op Turks.

Voorbeeld 1: Gentse data: inzetten van talig repertoire voor zaken die niet met les- en leerinhouden te maken hebben (keuvelen)[1]

Hayat, Sami, Seline en Siper werken in een groepje van vier aan een oefening. De activiteit wordt opgenomen.

Hayat	ma kijk (Hayat wijst naar de MP4, de opnameapparatuur gebruikt om het gesprek te registreren)
	de licht ga uit
	laat da gewoon zo
	(tegen Sami) Seline
	Siper
Siper	wa Seline? (kijkt naar Hayat, dan naar Sami, dan terug naar Hayat)
Hayat	<u>Siper, az sonra giyim ben onu?</u>
	(Siper, zal ik dit straks dragen?)

We merken dat leerlingen ook vaker kiezen voor Turks dan voor Nederlands om bevelen te geven aan elkaar die niet gerelateerd zijn aan les- en leerinhouden, bijvoorbeeld wanneer het bevel gegeven wordt om te zwijgen (voorbeeld 2).

Voorbeeld 2: Gentse data: bevel niet gerelateerd aan les- en leerinhouden in het Turks

Nurhan	<u>Sus len</u>
	(zwijg jong)

Het geven van meningen en verwijten, het uitdagen van andere leerlingen en vragen aan elkaar stellen over zaken die niets met les- en leerinhouden te maken hebben, gebeurt ook in het Turks.

Wanneer leerlingen met hun klasgenoten praten over les- en leerinhouden, zien we een ander patroon opduiken. Turks komt minder voor dan Nederlands. Toch moeten we hierbij benadrukken dat leerlingen in een derde van de uitingen over les- en leerinhouden toch opteren voor Turks.

We zien een quasi-gelijke verdeling van uitingen in het Turks en het Nederlands voor betwistingen, bevelen (voorbeeld 3), mededelingen, vragen en wanneer het over spelletjes gaat.

---

1. De andere taal is telkens onderlijnd, de vertaling staat er cursief onder tussen haakjes.

Voorbeeld 3:   Gentse data: Turks en Nederlands voor les- en leerinhouden: bevelen

<u>Bevel Nederlands</u>
Hayat   JA da moe
               kijk

<u>Bevel Turks</u>
Musa   <u>ver</u> (neemt de dobbelsteen die bij andere leerling ligt)
               (geef)
               <u>altı</u> (gooit de dobbelsteen)
               (laat mij gooien)

Om over wiskunde te praten (cijfers, rang) en schooltaalwoorden (onder meer kleuren, werelddelen, dieren) te benoemen, gebruiken leerlingen vaker Nederlands. Bevestigingen en uitroepen gebeuren vaker in het Nederlands, terwijl competitie tijdens spelletjes dan weer vaker in de thuistaal tot uiting komt.

Leerlingen benutten hun thuistaal dus ook om met les- en leerinhouden bezig te zijn. Bovendien merken we op dat de meeste uitingen die in het Turks voorkomen, ook over les- en leerinhouden gaan. Leerkrachten zijn vaak bang dat het toelaten van de thuistalen van de leerlingen ertoe zal leiden dat leerlingen de thuistaal enkel zullen benutten om over zaken te praten die niets met school te maken hebben. Onze analyse toont aan dat dit niet het geval is. Leerlingen benutten de thuistaal meer om over les- en leerinhouden te praten dan over zaken die niet met les- en leerinhouden te maken hebben. Leerkrachten hoeven dus niet a priori te vrezen om de controle te verliezen wanneer leerlingen een andere taal praten.

5.5   INTERACTIE IN EEN RESTRICTIEVE, MEERTALIGE CONTEXT

In de Brusselse klas wordt meertaligheid niet toegelaten, ondanks het gegeven dat alle leerlingen thuis andere talen dan het Nederlands inzetten. Bovendien delen alle leerlingen in de klas een gemeenschappelijke omgangstaal of lingua franca, die in Brussel het Frans is.

Wanneer we aan de oppervlakte kijken naar de data van de Brusselse klas, merken we in vergelijking tot de Gentse klas veel minder het gebruik van andere talen op, al is het er zeker en vast wel. De taal die we voornamelijk opmerken, is het Frans. Soms gebruiken de leerlingen deze lingua franca echter heimelijk: ze fluisteren wanneer ze Frans gebruiken. Wanneer we meer in de diepte naar de data kijken, zien we meertaligheid veel vaker optreden dan wat de data op het eerste gezicht lieten blijken. Het inzetten van andere talen in Brussel is echter heel sterk contextafhankelijk. Wanneer de leerkracht in de buurt is, wordt het Frans opvallend minder ingezet dan wanneer ze zich niet bevindt binnen gehoorafstand van de leerlingen. Figuur 5.1 geeft een overzicht en toont aan dat er zich gradaties voordoen in het inzetten van andere talen dan het Nederlands.

Figuur 5.1. Contextgebonden inzetten van andere talen in Brussel.

Tijdens klassituaties waarbij de leerkracht aanwezig is, worden andere talen voornamelijk benut voor vertalingen (voorbeeld 4).

Voorbeeld 4:	Leerkracht als hulp bij vertalingen
Riad	ee Jorge hoe zeg je <u>venger</u>
	(wreken)
Jorge	Eten
...	
Riad	eten? De <u>venger</u>
	(wreken)
Jorge	eten. aah <u>venger</u>
	(wreken)
Bright	in Nederlands
Arnaud	Juffrouw
Riad	hoe zeg je <u>venger, revanche</u>?
	(wreken, wraak)
Juf Katherine	Wraak

Wanneer de leerlingen echter in groepjes werken en de leerkracht zich niet binnen gehoorafstand van de leerlingen bevindt, zien we gelijkaardige patronen opduiken als in de Gentse klas. Leerlingen benutten de talen die ze delen – in deze klas Nederlands en Frans – om over les- en leerinhouden te praten en om zaken te bespreken die niet met les- en leerinhouden te maken hebben. Leerlingen bewegen zich heen en weer tussen verschillende talen, zonder dat ze daarbij een scheiding tussen de talen lijken te zien: ze benutten hun volledige talige repertoire om communicatieve doelen te bereiken (voorbeeld 5).

Voorbeeld 5: Brusselse data: benutten van volledige talige repertoire

Soraya	Voilà. We gaan terug nog tellen. 60, 70, 80, 90, o nee!
Nouria	Wat wat wat?
Soraya	't Is te veel.
Soraya	60, 70, 80, 90, 100, 110

(Soraya en Nouria beginnen tegen elkaar te fluisteren, discussie, eerst Nederlands)

Soraya	<u>On diminue quelque chose. On diminue ça?</u>
	(We verminderen iets. We verminderen dat?)
Nouria	<u>attends</u>, das wat dat
	(wacht)
Soraya	<u>ça c'est quoi en fait</u>
	(Dat, wat is dat eigenlijk?)
Nouria	<u>ça c'est suiker avec xxx manger, tu peux fait toi-même ton à manger avec</u>
	(Dat is... met xxx eten, je kan het zelf doen je met eten met)
Chahida	kippen, koeien
Soraya	<u>c'est des vaches</u>
	(dat zijn koeien)
Soraya	90
Chahida	suikerriet
Soraya	<u>on l'a fait</u> (gaat nog verder in het Frans) <u>ce sont des grands paquets</u>?
	(we hebben het gedaan (...) zijn het grote pakketten?)
Nouria	twintig

Meertaligheid in de Brusselse klas is meer verborgen en heimelijk dan in Gent, maar is er zeker wel. De omgang met deze meertaligheid is echter anders in de Brusselse klas, doordat het beleid en de leerkracht er een andere visie op na houden, met als gevolg dat de fysieke nabijheid van de leerkracht mee de taalkeuze bepaalt.

5.6 INVLOED VAN SCHOOLBELEID EN LEERKRACHT OP MEERTALIGHEID IN INTERACTIE

Het Vlaamse beleid wordt gekenmerkt door een overwegend eentalig beleidsdiscours. Dit eentalige beleidsdiscours zorgt ervoor dat het monolinguale denken in scholen versterkt wordt, wat een invloed heeft op het schoolbeleid en de klaspraktijk. Ondanks deze eentalige benadering is het in de Gentse klas toch toegelaten om andere talen te gebruiken doordat de school deel uitmaakt van een pedagogisch experiment. In de Gentse klas is er een open omgang met andere talen, leerlingen mogen de gemeenschappelijke talen gebruiken in taalhomogene groepen. In de Brusselse school geldt deze regel niet: leerlingen mogen hun thuistalen wel gebruiken op de speelplaats, maar in de klas moet Nederlands de voertaal zijn.

Deze verschillen in schoolbeleid zorgen ervoor dat leerkrachten in de twee scholen anders moeten omgaan met de diverse talen in hun klassen. In de Gentse klas spreekt de leraar de andere talen van zijn leerlingen niet. Toch lijkt dat geen obstakel te zijn voor het creëren van een rijke en meertalige leeromgeving. De leraar in deze klas weet als geen ander hoe hij leerkansen kan creëren door de thuistalen functioneel te laten benutten en nadien een transfer te maken naar het Nederlands. Het onderstaande voorbeeld (voorbeeld 6) verduidelijkt hoe de leraar dat doet.

Voorbeeld 6: Gentse data: leerkracht zet in op meertaligheid

Meester Gilles	kijkt naar 't pijltje hé?
	wat?
Siper	waarom?
Meester Gilles	kijkt een keer ier
	(tegen Hayat) Hayat
	kan jij es een keer vertalen voor haar
	kan jij 't haar es een keer uitleggen?
Hayat	wat?
(...)	
Meester Gilles	(g'had mij) probeer es een keer in het Turks
Hayat	meester
	wat moet ik vertale?
Meester Gilles	ah wa waarom we die nullen aanvullen
Hayat	aah
	ja
Meester Gilles	zeg da es een keer
Hayat	şimdi bak xxx
	(kijk nu)
Siper	(tegen meester Gilles) omda makkelijk
Meester Gilles	om ma ja om gemakkelijker te maken
	zeg maar Hayat
	en doe verder
Hayat	şimdi bak var ya
	(kijk nu er is)
	zes komma dertig
	ama kijk da ga nie
	(maar)
	burda olmuyo
	(hier niet)
	dus we moete de nulle aanvulle
(...)	

Zoals uit het voorgaande fragment blijkt, ondervindt een leerling, Siper, in een groepje problemen met kommagetallen. De leraar (meester Gilles) probeert het eerst zelf uit te leggen, maar benut dan de vertaalcapaciteiten van Hayat, een andere Turkse leerling. De kracht van deze leersituatie situeert zich namelijk in wat volgt (voorbeeld 7). De leraar houdt het echter niet bij de leerling-leerlinginteractie. Na de vertaling door Hayat gaat hij opnieuw in dialoog met Siper, interageert in de instructietaal en betrekt Siper bij de groep van leerlingen.

Voorbeeld 7:   Gentse data: leerkracht zet in op meertaligheid (vervolg)

Meester Gilles   ja?
                    Siper weet je nog?
                    (neemt blok dat bovenop het digibord staat) onze blok?
                    weet je nog?

Op die manier controleert hij ten eerste of Siper het goed begrepen heeft en ten tweede maakt hij een transfer mogelijk van het Turks naar het Nederlands, waardoor de geleerde kennis dubbel verankerd is: zowel in de thuistaal als in de instructietaal. De leraar maakt het mogelijk om samen kennis op te bouwen en benut de thuistaal als een opstap naar nieuwe inhouden én het leren van Nederlands. Op die manier creëert hij een krachtige leeromgeving waarin de thuistalen een plaats krijgen zonder dat hij die hoeft te beheersen.

In Brussel wordt de leerkracht beperkt door het schoolbeleid om op een soortgelijke manier om te gaan met de talen in haar klas. Toch dwingt de talige realiteit, waarin alle leerlingen de lingua franca Frans delen, haar ertoe om Frans hier en daar toe te laten. Een belangrijk verschil met de Gentse leraar is dat deze leerkracht wel kennis heeft van het Frans. De leerlingen weten dat en roepen de leerkracht daarom soms in als een hulpmiddel voor vertalingen (voorbeeld 8).

Voorbeeld 8:   Brusselse data: leerkracht als hulp bij vertalen
Soraya   juffrou hoe wij zeggen <u>la marque</u> in het nederlands bv euh schoenen
                  Armani
                              (het merk)
Juf Katherine het merk

Leerlingen benutten hun hele talige repertoire om communicatieve voordelen te verkrijgen en doen daarom een beroep op de leerkracht. Frans-Nederlandse vertalingen versterken elkaar en worden gebruikt als hulpmiddel om inhouden en schooltaalgebruik te leren.

De leerkracht benut de leerlingen eveneens af en toe om te vertalen. Ze geeft blijk van een zeker tolerantieniveau in het toelaten van Frans om ervoor te zorgen dat de leerlingen de leerinhouden begrijpen. Ondanks deze tolerantie moet de leerkracht zich nog steeds houden aan het restrictieve schoolbeleid ten opzichte van andere talen in de klas. Daardoor laat ze andere talen slechts in beperkte mate toe en stimuleert ze het inzetten van andere talen niet zoals de Gentse leraar dat wel deed. Nochtans zou deze leerkracht het inzetten van andere talen zeker kunnen stimuleren dankzij haar kennis van het Frans. Doordat ze deze kansen niet kan opnemen door de beperkingen van het schoolbeleid, is het vermoedelijk zo dat de transfer van kennis van de ene taal naar de andere, en bijgevolg leren, niet optimaal kan worden benut.

Deze resultaten tonen aan dat het niet beheersen van de talen die de leerlingen spreken, geen beperking hoeft te zijn om met meertaligheid om te gaan in een klascontext. De Gentse leraar, die de talen van de leerlingen niet beheerst, creëert een rijkere leeromgeving en stimuleert transfer van kennis over talen heen. Hij speelt een belangrijke rol om het talige repertoire van de leerlingen meer tot zijn recht te laten komen. De Brusselse leerkracht, die kennis heeft van de lingua franca, kan dit niet doen door beperkingen van het schoolbeleid.

5.7 CONCLUSIE

In het Vlaamse onderwijs geldt een impliciet restrictief beleid tegenover andere talen, maar de realiteit is er een van diversiteit. In dit hoofdstuk bekeken we twee klassen waarin er anders werd omgegaan met meertaligheid. In de Gentse, meertalige klas had de school besloten niet langer de ogen te sluiten voor de aanwezige talige diversiteit. De school wou met de diversiteit aan de slag gaan. In de Brusselse, eveneens meertalige klas stond de school andere talen niet toe in de klas zelf. De meertalige realiteit dwong de leerkracht er echter toe om hier en daar open om te gaan met de aanwezige talige diversiteit. Beide contexten tonen aan dat de meertalige realiteit leerkrachten aanzette tot een omgang met meertaligheid die verschilt van het eentalig Nederlandse beleidsideaal.

In de Gentse, open beleidscontext zagen we andere talen opduiken in de interactie, zowel om over zaken te praten die niet met les- en leerinhouden te maken hadden, als om over les- en leerinhouden te praten. Leerlingen gebruikten de thuistaal zelfs meer om over les- en leerinhouden te praten dan dat ze de thuistaal inzetten om over onderwerpen te praten die er minder mee te maken hebben. Leerkrachten hoeven dus niet bang te zijn om de controle te verliezen wanneer ze andere talen toelaten: meestal benutten leerlingen deze kans net om de thuistaal in te zetten voor les- en leerinhouden.

In de Brusselse context waar andere talen niet toegelaten werden, zagen we toch ook heel wat meertaligheid opduiken. Frans, de lingua franca, werd heel vaak ingezet door de leerlingen. Toch is dit inzetten op Frans contextgevoelig: wanneer de leerkracht dichtbij was, bleek minder Frans gebruikt dan wanneer de leerlingen in groepjes werkten en de leerkracht hen niet kon horen.

We merkten uit onze analyses op dat de leerkracht en het schoolbeleid een grote invloed uitoefenen op de opgemerkte meertaligheid. Wanneer een leerkracht vanuit het schoolbeleid de toelating krijgt om andere talen te valoriseren, kunnen rijke en meertalige omgevingen gecreëerd worden. Door de thuistaal toe te laten en het gebruik ervan aan te moedigen het leren, kunnen leerlingen samen kennis opbouwen in interactie en een transfer maken van concepten van thuis- naar schooltaal, waardoor leerkansen gecreëerd en gemaximaliseerd worden. De thuistaal wordt gezien als een opstap naar het leren van inhoud en van Nederlands. We benadrukken hierbij dat de leerkracht de talen van de leerlingen niet hoeft te beheersen: de Gentse leerkracht maakt duidelijk dat een rijke taalleeromgeving creëren ook kan zonder dat hij de talen beheerst, en dat dankzij het inzetten van interactiestrategieën met de leerlingen.

In de Brusselse context kan de leerkracht zich niet beroepen op een open beleid, waardoor ze beperkt wordt in haar mogelijkheden om de talige diversiteit in de klas te benutten. Toch wordt ze door de leerlingen als een hulp gezien bij taalproblemen: dankzij haar kennis van het Frans wordt haar af en toe gevraagd iets te vertalen. Ze kan deze leerkansen echter niet maximaal benutten door het restrictieve beleid.

Globaal kunnen we stellen dat meerdere talen te horen waren in beide klascontexten, los van of we nu te maken hebben met een restrictief of een open beleid tegenover meertaligheid. Beide contexten verschillen niet echt van elkaar als we het gebruiken van de verschillende talen op het niveau van de leerlingen bekijken. De taalkeuzes in de meertalige interactie bleken geen kwestie te zijn van talen in competitie met elkaar. Integendeel, taalkeuzes haken op elkaar in om communicatieve doelen te bereiken en dat maakt deel uit van de alledaagse *flow* van gebeurtenissen en activiteiten. Op het niveau van de leerkrachten traden wel verschillen op. De leerkrachten zijn meer afhankelijk van het schoolbeleid en spelen een belangrijke rol in het bepalen hoe er precies met die andere talen wordt omgegaan in de klas. Hij of zij beïnvloedt hoe meertaligheid benut kan worden: als de leerkracht meertaligheid niet openlijk toelaat, dan gaan leerlingen hun taalgebruik verdoezelen door bijvoorbeeld te fluisteren of andere talen vooral in te zetten als de leerkracht er niet is (Brussel). Als de leerkracht bewust omgaat met meertaligheid (Gent), en meertaligheid stimuleert en faciliteert, dan kunnen leerlingen hun talige repertoire strategisch inzetten in interactie. Door de talige rijkdom in te zetten, interactie in de thuistaal toe te laten en nadien in gesprek te gaan in de schooltaal, kunnen leerkansen gecreëerd worden die de leerlingen helpen bij het leren van concepten én de schooltaal. Leerkrachten die aandacht besteden aan deze alledaagse interactieve dynamieken waar taalwissels deel van uitmaken, kunnen de leeromgeving voor hun leerlingen krachtiger maken door in te spelen op de meertalige interactie in de klas.

REFERENTIES

Sierens, S., & Van Avermaet, P. (2010). Taaldiversiteit in onderwijs: van meertalig onderwijs naar functioneel veeltalig leren. In P. Van Avermaet, K. Van den Branden, & L. Heylen (eds.), *Goed gegokt? Reflecties op twintig jaar gelijke-onderwijskansenbeleid in Vlaanderen* (pp. 45-64). Antwerpen: Garant.

Van Avermaet, P., Slembrouck, S., & Vandenbergen, A.-M. (2015). *Talige diversiteit in het Vlaams onderwijs: problematiek en oplossingen.* Brussel: Koninklijke Vlaamse Academie van België voor wetenschappen en kunsten. Standpunt 30.

Hoofdstuk 6

Hoe leren in een meertalige klas: de Brusselse paradox

Jill Surmont

6.1 INTRODUCTIE

In de inleiding van dit boek werd al gezegd dat er een grote toestroom aan migranten uit zeer diverse regio's is in Brussel. Dat leidt tot een unieke situatie. Het Brussels Hoofdstedelijk Gewest is ook de enige regio in België die officieel tweetalig is. Daarbij komt dan de multiculturele samenstelling van de stad. Dat zorgt ervoor dat Brussel in feite niet tweetalig maar hyper-talig is. Het woord 'hyper' wordt hier bewust gekozen, want in de laatste taalbarometer werd aangetoond dat er in Brussel zeker meer dan honderd talen worden gesproken. Twaalf jaar geleden stond de teller nog op 71 talen. Geen enkele stad in België heeft zowel te maken met twee officiële talen als met zo een meertalige bevolking.

Wanneer er binnen Brussel wordt gekeken naar de kennis van de gesproken talen bij de ondervraagde bevolking van de taalbarometer, dan wordt al snel duidelijk dat slechts een minderheid het Nederlands beheerst. Slechts 23.1% heeft kennis van het Nederlands; voor het Frans is dat 88.5%. Het Nederlands heeft ondertussen ook de tweede plaats verloren in de lijst van meest gesproken talen en kan als een minderheidstaal in Brussel worden beschouwd. Het valt echter wel op dat tussen de tweede en de derde meting van de taalbarometer, de kennis van het Frans ook sterk is achteruitgegaan, wat duidelijk aantoont dat het talige landschap in Brussel in beweging is.

De veranderingen in de gesproken talen in Brussel zijn ook te voelen in het onderwijs. Steeds meer Nederlandstalige scholen in Brussel kampen met een groot aantal leerlingen die thuis zelden of nooit Nederlands spreken. Op zich is dat niet zo uitzonderlijk, want veel scholen in Vlaamse (centrum)steden vertonen eenzelfde evolutie. Wat dan wel weer uniek is voor Brussel, is dat de leerlingen buiten de schoolmuren amper Nederlands horen omdat het Frans in Brussel de lingua franca is. Dat contrasteert met andere steden met een (linguïstisch) diverse leerlingenpopulatie, zoals Antwerpen en Gent. In deze steden is het zo dat het Nederlands de algemene voertaal is in het dagelijks leven. Men spreekt bijvoorbeeld Nederlands als men iemand aanspreekt op straat of in de winkels. Het feit dat Frans als voertaal wordt gebruikt in Brussel zorgt voor een uniek landschap waarin Nederlandstalige scholen zich bevinden. In Brussel zijn er ook Franstalige scholen aanwezig die het Frans als onderwijstaal hebben en bijgevolg het voordeel hebben dat een veel groter aantal leerlingen de onderwijstaal beheerst. De Nederlandstalige scholen in Brussel vormen als het ware eentalige eilandjes in de meertalige zee. Slechts een kleine minderheid van de leerlingen spreekt thuis Nederlands. De gebrekkige kennis van het Nederlands wordt dan ook vaak ervaren als de grote reden van leerachterstand bij leerlingen door leerkrachten, beleidsmakers en andere stakeholders.

De cijfers spreken dan ook voor zich: in het schooljaar 2013-2014 sprak 68.3% van de leerlingen in het Nederlandstalig onderwijs in het Brussels Hoofdstedelijk Gewest thuis geen Nederlands. In Vlaanderen ligt dat cijfer tussen 10 en 25%, afhankelijk van de regio (GOK-criteria, Vlaamse Gemeenschap, 2014).

Tabel 6.1. Overzicht kennis van talen uit Taalbarometer 1, Taalbarometer 2 en Taalbarometer 3 (Janssens, 2013, p. 1).

Taalbarometer 1		Taalbarometer 2		Taalbarometer 3	
Frans	95.5%	Frans	95.6%	Frans	88.5%
Nederlands	33.3%	Engels	35.4%	Engels	29.7%
Engels	33.3%	Nederlands	28.3%	Nederlands	23.1%
Arabisch	10.1%	Spaans	7.4%	Arabisch	17.9%
Duits	7.1%	Arabisch	6.6%	Spaans	8.9%
Spaans	6.9%	Italiaans	5.7%	Duits	7.0%
Italiaans	4.7%	Duits	5.6%	Italiaans	5.2%
Turks	3.3%	Turks	1.4%	Turks	4.5%

6.2 HIER SPREEKT MEN NEDERLANDS, QUOI!

Leerkrachten in het Nederlandstalige onderwijs in Brussel krijgen de opdracht ervoor te zorgen dat al hun leerlingen de Vlaamse eindtermen halen, hoewel die leerlingen voor de grootste meerderheid geen of amper Nederlands horen buiten de school. Om alle leerlingen toch de kans te geven om de taal en bijgevolg ook de vakinhouden te beheersen, wordt er vaak gekozen voor het 'taalbadmodel'. In dit model staat men op school enkel het gebruik van het Nederlands toe. Er wordt namelijk geredeneerd dat een gebrekkige kennis van het Nederlands het leren van vakinhouden belemmert en dat er daarom volop ingezet moet worden op de verwerving van het Nederlands. De redenering van het beleid is duidelijk: hoe meer Nederlands de leerlingen horen of spreken, hoe groter de kans is dat ze niet alleen de taal beter beheersen, maar ook hoe groter de kans wordt dat ze slagen voor hun vakken. Het natuurlijke leerproces moet echter in acht genomen worden om tot optimale leerprestaties te komen (zie verder) en het taalbadmodel doet dat niet.

Het is voor veel leerkrachten en directies moeilijk om van deze redenering af te stappen omwille van verschillende redenen. Een eerste reden is die van taalbedreiging of toch de perceptie ervan. We kunnen enkele succesvolle implementaties van meertalig onderwijs voorstellen. Wanneer er een bedreiging wordt ervaren voor de eigen taal, dan zal de houding om meertalig onderwijs te implementeren negatief zijn. De Brusselse leraren voelen aan dat de kennis en het gebruik van het Nederlands bedreigd wordt, door de specifieke Brusselse talige context. In verschillende Brusselse scholen werd tijdens het Validiv-project dan ook duidelijk dat men wel openstond voor het integreren van de thuistalen van leerlingen in het schoolbeleid en de klaspraktijken, zolang het maar niet om het Frans ging.

Een andere reden waarom scholen vaak niet willen afstappen van het 'hier spreekt men Nederlands'-principe is de druk van vele ouders. Er wordt namelijk vaak geargumenteerd dat ouders specifiek voor een Nederlandstalige school kiezen in Brussel omdat ze juist willen dat hun kinderen het Nederlands leren. Zelfs al zou de school iets willen doen met de aanwezige meertaligheid, dan zouden de ouders hiertegen protesteren of hun kinderen zelfs naar een andere school sturen.

Een derde reden is de meest voor de hand liggende, namelijk dat men als volgt redeneert: om het Nederlands te leren, moeten de leerlingen het zo veel mogelijk horen en gebruiken. Het stimuleren van het leerproces wordt hier dus als argument gebruikt om enkel Nederlands toe te laten. Dat heet het task-on-time principe: hoe meer tijd je aan een bepaalde taak besteedt, hoe beter je erin wordt. De vraag is echter: geldt dat ook voor taal? Het is daarom interessant om het leerproces in het algemeen en het taalleerproces meer specifiek van naderbij te bekijken en te bespreken hoe deze processen het best gestimuleerd worden.

6.3   HOE WERKT HET LEERPROCES?

Leren kan gedefinieerd worden als het proces waarbij de leerder van een bepaalde onkunde naar een bepaalde kunde evolueert onder invloed van stimuli. In het brein betekent dit dat er connecties worden aangelegd tussen verschillende opslagplaatsen van informatie. Om zo een weg aan te leggen moet er natuurlijk voldoende tijd, oefening en herhaling aangeboden worden.

Men dacht vroeger dat er in de ontwikkeling van het kind kritieke periodes waren. Hiermee wilde men zeggen dat wanneer de eerste stappen in het aanleren van een bepaalde vaardigheid niet werden gezet binnen een bepaalde periode, het onmogelijk was om die vaardigheid nadien nog aan te leren. Men heeft ondertussen aangetoond dat deze kritieke periodes niet bestaan en men spreekt nu van 'gevoelige periodes'. Dat wil zeggen dat er periodes zijn waarin de eerste stappen in het aanleren van een vaardigheid het best gezet worden, omdat het nadien veel moeilijker is om diezelfde vaardigheid nog aan te leren en zeker om hetzelfde niveau te halen. Je kunt dat het best vergelijken met de beste zaaiperiodes voor bloemen en planten: de grootste slaagkans om een plant te laten groeien is om het zaadje in de juiste periode te planten. Nadien moet er natuurlijk gezorgd worden dat het zaadje voldoende gevoed wordt om zich tot een plant te kunnen ontwikkelen, maar de eerste stap is het zaaien in de juiste periode. Veel van deze gevoelige periodes vallen in de eerste vijf levensjaren van het kind.

De zaadjes die tijdens deze gevoelige periodes geplant worden, vormen de fundamenten voor verdere kennis-, vaardigheids- en inzichtontwikkeling later in het leven. Dat impliceert dat alle verdere kennis, vaardigheden en inzichten voortbouwen op de reeds verworven kennis, vaardigheden en inzichten. Daarom is het zo belangrijk dat men bij het aanbrengen van (nieuwe) informatie gebruik maakt van deze fundamenten: nieuwe kennis, vaardigheden en inzichten worden dan namelijk beter verankerd. Indien de bestaande kennis en vaardigheden niet mogen aangesproken worden in het leerproces van nieuwe kennis en vaardigheden, wordt het kind verplicht om zijn nieuwe kennis op drijfzand te bouwen in plaats van op stevige fundamenten.

Naast het ondersteunen van het leerproces is het ook belangrijk dat het gestimuleerd wordt. Een heel belangrijk element hierbij is de motivatie en het engagement van de leerling. Indien de leerling niet gemotiveerd is om te leren en/of het gevoel heeft dat hij/zij eigenlijk niet thuishoort op school, dan heeft dat een nefaste invloed op het leerproces. Het is namelijk zo dat het socio-emotionele aspect een grote impact heeft op het leerproces. Er zijn drie grote lijnen te identificeren van manieren waarop het socio-emotioneel welzijn een impact kan hebben op het leerproces.

De eerste lijn heeft te maken met het 'flight-or-flight' mechanisme in het brein. Normaal gezien is de prefrontale cortex het controlecentrum van het brein. Indien het brein echter gevaar ervaart, neemt het limbisch systeem, het deel van het brein dat instaat voor emoties, over. Dat wil zeggen dat het alle cognitieve controle uitschakelt en 'instinctief' reageert: vluchten of vechten. Natuurlijk is het gelukkig zelden of nooit zo dat leerlingen het gevoel hebben dat hun leven bedreigd wordt in de klas, waardoor het bijgevolg weinig voorkomt dat het limbisch systeem de controle overneemt.

Het is echter wel zo dat indien het stressniveau van de leerling te hoog wordt, dat voor een overproductie van dopamine zorgt. Dat is meteen de tweede lijn van manieren waarop het socio-emotionele welzijn van de leerling het leerproces beïnvloedt. Dopamine is een neurotransmitter die ervoor zorgt dat de informatie van punt A naar punt B wordt overgebracht. We kunnen het vergelijken met de vrachtwagen op de aangelegde weg. Indien er te veel dopamine wordt geproduceerd, bijvoorbeeld onder invloed van stress, dan zorgt dat voor opstopping van de weg door de aanwezigheid van te veel vrachtwagens, waardoor er geen verkeer meer mogelijk is.

Een derde manier waarop het socio-emotionele welzijn van de leerling het leerproces kan beïnvloeden is via de werking van de reeds vermelde prefrontale cortex. Zoals gezegd, staat de prefrontale cortex in voor allerlei vormen van controle. Zo is het de cortex die ervoor zorgt dat leerlingen stilzitten en luisteren naar wat iemand te vertellen heeft, ook al interesseert het hen absoluut niet. De prefrontale cortex staat dus in voor het uitvoeren van de sociale etiquette en voor het werkgeheugen. Het werkgeheugen zorgt ervoor dat nieuwe informatie opgeslagen wordt in het langetermijngeheugen. Indien de prefrontale cortex zich echter moet bezighouden met het uitvoeren van de sociale etiquette, dan blijft er niet meer veel ruimte over voor het kortetermijnwerkgeheugen. Een saaie of vervelende les is om deze reden dan ook moeilijker om te leren, aangezien de leerling meer bezig is met de sociale etiquette dan met het eigenlijke leren. Deze twee laatste lijnen zijn van belang voor het onderwijs: de school/de leraar moet ervoor zorgen dat de leerling zich veilig en een deel van de groep voelt in de klas/school en daarnaast ook dat de leerling geïnteresseerd blijft.

6.4   WAT MET HET TAALLEERPROCES?

Het leren van een taal verschilt eigenlijk niet zo veel van het leren van een andere vaardigheid. Om een (nieuwe) taal te leren maakt de leerling gebruik van de talige kennis die hij/zij reeds verworven heeft. Dat wil zeggen dat de eerste talige input die een kind krijgt de zaadjes zijn voor de verdere talige ontwikkeling. Welke taal dat is maakt op zich niet zoveel uit, het gaat hem vooral over het ontwikkelen van de eerste talige competenties. Wanneer er na de gevoelige periode voor taalontwikkeling nog een nieuwe taal wordt aangeleerd, wordt er dus het best voortgebouwd op deze competenties. Om de metafoor van het groeiende zaadje verder te zetten: het leren van een nieuwe taal is het groeien van een nieuwe tak aan een bestaande plant, niet het zaaien van een nieuwe plant. Vertaald naar het omgaan met meertaligen betekent dit dat wanneer de thuistaal niet mag ingezet worden tijdens het leerproces, de leerling met een achterstand aan het leerproces begint. Meerdere talen kunnen zonder probleem op hetzelfde moment geleerd worden, op voorwaarde dat er voldoende tijd, herhaling, oefening en ondersteuning wordt voorzien voor beide talen.

Het is ook zo dat er een onderscheid moet gemaakt worden tussen taalspecifieke kenmerken en onderliggende taalvaardigheid. Dat wil zeggen dat iedere taal haar eigen specifieke kenmerken heeft, maar dat er ook zoiets is als algemene taalvaardigheid die taaloverschrijdend werkt. Cummins (1981) stelt dit vaak voor als een ijsberg: boven water lijken er verschillende ijsbergen te zijn, maar onder water blijkt dat deze ijsbergen eigenlijk dezelfde ijsberg zijn. Dat is ook zo als het gaat over talen. Het lijkt alsof leerlingen verschillende talen kunnen en dat deze afzonderlijk van elkaar bestaan, maar ze maken eerder deel uit van eenzelfde onderliggende taalsysteem. Dit taalsysteem noemt Cummins de 'common underlying proficiency' (CUP). Het bestaan van een onderliggend taalsysteem impliceert ook dat het niet nodig is om te wachten met het aanleren van een tweede taal tot de eerste taal volledig is ontwikkeld: het leren van een nieuwe taal kan simultaan gebeuren bij het leren van de eerste taal, op voorwaarde dat de al verworven kennis ingezet wordt zodat er een stevige kennisconstructie kan gecreëerd worden.

Indien de leerling zijn talige kennis niet mag inzetten, wordt voortbouwen op vorige kennis niet alleen bemoeilijkt, maar het kan er in sommige gevallen zelfs voor zorgen dat het taalleerproces trager verloopt. Door de leerling onder druk te zetten door telkens (in dit geval) het Nederlands te spreken, wordt er een onveilige en stressvolle leeromgeving gecreëerd, wat nefast is voor het leerproces.

Daarnaast is het ook zo dat er een duidelijke relatie bestaat tussen taal, identiteit en cultuur. Als de school de thuistaal van de leerling verbiedt, wijst de school ook de identiteit en de cultuur van de leerling af. Dat impliceert dat de school zichzelf in een zeer schizofrene positie plaatst: aan de ene kant wil de school dat de leerling zich ten volle ontwikkelt en bijgevolg ook een eigen persoonlijkheid en identiteit aankweekt, maar aan de andere kant vraagt het de leerling om een deel van zichzelf aan de schoolpoort achter te laten. Deze schizofrene situatie heeft natuurlijk ook een impact op de leeromgeving van de leerling. De onzekerheid die gecreëerd wordt, zorgt voor een negatieve impact op het socio-emotionele welzijn van de leerling. Zoals hierboven vermeld, werkt dat contraproductief.

Er kan geconcludeerd worden dat er een stevige wetenschappelijke basis is om thuistalen in te zetten in het leerproces. Hieronder wordt ingegaan op wat de impact is van het inzetten van thuistalen in het leerproces. Meer specifiek wordt er gekeken naar hoe kennis van het vak wereldoriëntatie (WO) wordt beïnvloed door de introductie van de thuistalen van leerlingen.

6.5 ONDERZOEK IN DE BRUSSELSE CONTEXT: WAT IS DE IMPACT VAN HET INZETTEN VAN DE THUISTALEN OF HET INZETTEN VAN EEN EXTRA ONDERWIJSTAAL OP VAKKENNIS?

Om deze vraag te beantwoorden wordt er binnen de Brusselse context gekeken naar het inzetten van zowel thuistalen als een extra onderwijstaal in het leerproces. In de eerste setting gaat het over de impact van het Validiv-project. Deze setting wordt vergeleken met een setting waarin 'content and language integrated learning' (CLIL) wordt aangeboden. Deze vorm van meertalig onderwijs wordt in sommige Brusselse scholen gebruikt met Frans als extra onderwijstaal naast het Nederlands. Hoewel CLIL in het lager onderwijs momenteel officieel nog niet mag ingevoerd worden, zijn er verschillende lagere scholen die dat toch doen onder de noemer taalsensibilisering en -initiatie. CLIL is niet gewoon lesgeven in een andere taal, het gaat erom dat leerlingen in een extra onderwijstaal via activerende werkvormen leren. Dat wil zeggen dat de leerlingen zelf actief op zoek gaan naar antwoorden en informatie in plaats van alle informatie van de leerkracht te krijgen.[1] Deze manier van leren sluit nauw aan bij het natuurlijke leerproces en uit internationale onderzoeken blijkt dan ook dat deze manier van onderwijs veel voordelen biedt. Daarnaast wijst een recente studie in Wallonië ook op een mogelijk cognitief voordeel: in dit onderzoek bleek namelijk dat leerlingen die meertalig onderwijs volgden na een jaar significant beter scoorden op een intelligentietest op inzicht dan leerlingen die geen meertalig onderwijs volgenden. Gezien de status van het Frans in Brussel is dit zeer interessant aangezien dit voor de meerderheid van de leerlingen een vorm van moedertaalonderwijs creëert. Andere leerlingen spreken het Frans dan misschien niet thuis, maar komen er hoogstwaarschijnlijk meer mee in aanraking dan met het Nederlands. De CLIL-leerlingen die hier bevraagd werden volgden reeds vier jaar CLIL. We onderzochten wat de verschillen tussen de CLIL- en de niet-CLIL-leerlingen zijn.

6.5.1 INZETTEN VAN THUISTALEN IN HET LEERPROCES: RESULTATEN

In eerste instantie werd onderzocht wat de impact is van het inzetten van thuistalen op het leerproces. In dit geval gaat het specifiek over de impact van het Validiv-project op de kennis van wereldoriëntatie na 1,5 schooljaar en of er een verschil te meten valt met scholen die geen Validiv-materialen en -ondersteuning hebben gekregen. Er werden 248 leerlingen opgevolgd die een vergelijkbare achtergrond

---

1. Een overzicht met verschillende activerende werkvormen vind je op deze website: http://www.steunpuntgok.be/secundair_onderwijs/materiaal/lesmateriaal/bronnen-boek/interactieve_werkvormen.aspx.

hadden, waarvan 155 leerlingen les volgden in een Validiv-projectschool. Van deze leerlingen spraken er 50.5% Nederlands als ten minste één van hun thuistalen. In tabel 6.2 staan de gemiddelde scores die de leerlingen behaalden op de pre- en posttest. Uit de daaropvolgende statistische analyse blijkt dat er op geen van beide testmomenten een significant verschil te vinden is. Dat toont duidelijk aan dat het gebruik van thuistalen in de klas geen negatieve impact heeft op de kennisverwerving van wereldoriëntatie. Het is hier ook wel belangrijk om erop te wijzen dat er enkel naar de verschillen op pretestniveau en posttestniveau mag gekeken worden. De vooruitgang tussen pre- en posttest kan niet berekend worden omdat de testen niet volledig gelijk waren. Het zou fout zijn om te concluderen dat beide groepen slechter presteren op de posttest.

Tabel 6.2.   Overzicht gemiddelde scores in procent WO pre- en posttest.

	Pretest	Posttest
Validiv + (155)	60.5%	55.5%
Validiv – (93)	57.1%	51.4%

6.5.2   INZETTEN VAN EEN EXTRA ONDERWIJSTAAL IN HET LEERPROCES: RESULTATEN

Hier onderzochten we twee vierde leerjaren van CLIL-scholen en vergeleken we hun resultaten met twee vergelijkbare vierde leerjaren in niet-CLIL-scholen. De CLIL-leerlingen hadden op dat moment al vier jaar CLIL gehad, wat in dit geval wil zeggen dat ze twee uren in de week wereldoriëntatie in het Frans kregen. 56.1% van de CLIL-leerlingen sprak Nederlands als een van hun thuistalen tegenover 48.4% van de niet-CLIL-leerlingen. Hier kregen we dus te maken met een context waarin twee onderwijstalen werden gehanteerd, waarvan er één de lingua franca van de omgeving was (en ook voor 75.6% van de ondervraagde leerlingen één van de thuistalen). De hierop uitgevoerde analyse toont aan dat er na vier jaar CLIL geen significant verschil te vinden was tussen de twee groepen (tabel 6.3). We hielden in deze analyse ook rekening met wie thuis Nederlands en/of Frans sprak. Het inzetten van een extra onderwijstaal is bijgevolg niet nefast voor de kennisverwerving.

Tabel 6.3.   Gemiddelde score Wereldoriëntatietest.

	Gemiddelde score
CLIL + (41)	59.8%
CLIL – (38)	62.3%

6.6   WAT BETEKENT DIT ALLEMAAL CONCREET?

Op het eerste gezicht lijkt het alsof het niet uitmaakt of de thuistalen ingezet worden of niet. Toch kunnen deze resultaten waardevol bijdragen tot nuancering in het debat rond het inzetten van thuistalen van leerlingen. In eerste instantie tonen deze resultaten aan dat het inzetten van thuistalen geen negatieve impact heeft op wereldoriëntatie, in tegenstelling tot wat veel leerkrachten en ouders vrezen. Daarnaast moeten er ook enkele beperkingen van het onderzoek in kaart gebracht worden. Het is zo dat er tussen de pre- en de posttest maar 18 maanden zaten. Dat wil zeggen dat er niet zo veel tijd was om met de leerkrachten aan de slag te gaan. In sommige gevallen betekende dat ook dat leerkrachten nog moesten overgehaald worden om thuistalen in te zetten. Daarnaast moesten leerkrachten ook leren waar en hoe ze die thuistalen konden inzetten. Dat alles vraagt tijd en het is bijgevolg niet ondenkbaar dat er geen effecten op de prestaties van de leerlingen gemeten zijn omdat er simpelweg te weinig tijd was tussen de pre- en de posttest.

Dit argument gaat niet op voor de analyse van de CLIL-scholen, aangezien de leerlingen hier reeds vier jaar bezig zijn. Wanneer er naar de literatuur gekeken wordt, zien we dat CLIL vaak geen of een positieve invloed heeft. Onze resultaten passen bijgevolg perfect binnen deze bevindingen. Maar toch moeten er ook hier enkele nuances aangebracht worden. Tot op heden bestaat er nog geen speciale opleiding voor leerkrachten lager onderwijs of een vorm van ondersteuning voor deze leerkrachten waarin ze leren hoe ze CLIL het best moeten gebruiken in de klas. Het is ook zo dat CLIL-leerkrachten vaak weer snel van school veranderen, nog meer dan dit al het geval is in het reguliere Brusselse onderwijs. De reden is meestal omdat er zo weinig ondersteuning is op de scholen zelf en de introductie van CLIL vaak een hoop extra werk met zich meebrengt: de leerkracht moet al het materiaal zelf ontwikkelen en geeft vaak enkele uren les in alle leerjaren. Het gebrek aan materiaal en ondersteuning zorgt ervoor dat deze leerkrachten die CLIL geven, meer geneigd zijn om te stoppen met dit soort onderwijs. De continue wissel van leerkrachten die instaan voor CLIL leidt tot een gebrek aan continuïteit binnen het leerproces van de leerlingen. Dat kan de reden zijn waarom er geen impact van CLIL te vinden is op de verwerving van wereldoriëntatie.

6.7   CONCLUSIE

In dit hoofdstuk werd het talige leerproces van leerlingen besproken. Dit werd gelinkt aan de Brusselse onderwijscontext. Uit deze bespreking kwam duidelijk naar voren dat Vlaamse scholen in Brussel vaak een Nederlandstalig eiland zijn in een meertalige zee. Dat wordt vaak als 'bedreigend' of toch zeker als problematisch ervaren omdat de leerlingen bijgevolg buiten de school vaak amper tot niet met het

Nederlands in contact komen, maar toch alle eindtermen in het Nederlands moeten behalen. Daarom wordt er vaak gekozen voor een taalbadmodel, waarin men de leerlingen via allerlei manieren 'pusht' om enkel Nederlands te gebruiken op school. Hoewel dit allemaal met de beste bedoelingen wordt gedaan, ligt deze aanpak niet in lijn met het natuurlijke leerproces. Dat leerproces bouwt namelijk voort op reeds verworven kennis en door de talige kennis van de leerlingen niet in te zetten, beginnen de leerlingen als het ware met een achterstand aan het leerproces.

In dit hoofdstuk werd daarom onderzocht wat de impact was wanneer thuistalen werden ingezet in het leerproces. Vooreerst onderzochten we wat de impact was van het inzetten van een extra onderwijstaal op school. In dit geval was dit het Frans, wat in Brussel de lingua franca is en daarnaast ook één van de thuistalen is van 75.6% van de ondervraagde leerlingen (ten opzichte van 56.1% Nederlands). Daarnaast werd nagegaan wat de invloed is van het inzetten van thuistalen op het verwerven van vakinhouden.

De resultaten wezen uit dat het inzetten van thuistalen via Validiv geen impact had op het verwerven van vakinhouden. Dat impliceert dat een strikt Nederlandstalig beleid op scholen onnodig is. Er moet hier ook wel opgemerkt worden dat er maar 18 maanden zat tussen de testafnames en dat dit waarschijnlijk te weinig tijd is om echt een impact te meten: leerkrachten moesten zelf nog eerst wennen aan het idee om thuistalen toe te laten in de klas en moesten daarnaast ook nog de routine opbouwen om dat te doen. Dat is ook een leerproces en, zoals gezien, vraagt dat ook tijd. Het is bijgevolg mogelijk dat indien er meer tijd zou zitten tussen de testafnames er een positieve impact te meten valt op kennisverwerving.

De resultaten van CLIL toonden ook hier aan dat er geen impact was op de kennisverwerving. Hoewel deze resultaten in de lijn liggen van internationaal onderzoek, waar men ofwel geen ofwel een positieve impact van CLIL vaststelt, werd hier ook opgemerkt dat het gebrek aan ondersteuning en een opleiding voor de CLIL-leraren, net als het grote verloop van CLIL-leraren ook aan de basis kunnen liggen van deze resultaten.

Als conclusie kan er gesteld worden dat het weren van thuistalen, zeker in een Brusselse meertalige context, geen andere resultaten oplevert dan wanneer er wel plaats is voor de thuistalen. Er zijn tal van argumenten die erop wijzen dat het inzetten van meerdere talen niet nefast is voor het leerproces. Beleidsmakers worden dan ook aangemoedigd om de 'knop' om te draaien en de aanwezige talige diversiteit in de klas en op school (zowel in Vlaanderen als in Brussel) te omarmen. Daarnaast moet er specifiek voor de Brusselse context worden nagedacht in welke mate het nog verdedigbaar is om eentalig onderwijs aan te bieden in een meertalige stad. Meertalig onderwijs in een meertalige stad lijkt de enige manier om leerlingen voor te bereiden op de maatschappij waarin ze een eigen plaats moeten zien te vinden.

REFERENTIES

Cummins, J. (1981). The role of primary language development in promoting educational success for language minority students. In California State Department of Education (Ed.), *Schooling and Language Minority Students: A Theoretical Framework* (pp. 3-49). Los Angeles: Evaluation, Dissemination and Assessment Center California State University.

Cummins, J. (2000). *Language, Power, and Pedagogy: Bilingual Children in the Crossfire.* Clevedon: Multilingual Matters.

Dalton-Puffer, C. (2008). Outcomes and processes in Content and Language Integrated Learning (CLIL): Current research from Europe. In W. Delanoy, & L. Volkmann, *Future Perspectives for English Language Teaching* (S. 139-157). Heidelberg: Carl Winteer.

Datawarehouse arbeidsmarkt en sociale bescherming (2015) Beschikbaar op https://www.bcss.fgov.be/nl/dwh/homepage/index.html.

De Caluwe, J. (2012). Dutch in Belgium: facing multilingualism in a context of regional monolingualism and standard language ideology. In M. Hüning, U. Vogl & O. Moliner (red.), *Standard languages and multilingualism in European history.* (pp. 259-282). Amsterdam: John Benjamins publishing Company.

García, O. & L. Wei. (2014). *Translanguaging: Language, Bilingualism and Education.* New York: Palgrave Macmillan.

Goswami, U. (2008). Principles of learning, implications for teaching: A cognitive neuroscience perspective. *Journal of Philosophy of Education, 42*(3-4), 381-399.

Heller, M. (1996). Legitimate Language in a Multilingual School. *Linguistics and Education* 8, 139-157.

Janssens, R. (2001). Taalgebruik in Brussel. Taalverhoudingen, taalverschuivingen en taalidentiteit in een meertalige stad. *Brusselse Thema's 8*, Brussel, VUBPRESS.

Janssens, R. (2013). *Meertaligheid als cement van de stedelijke samenleving. Een analyse van de Brusselse taalsituatie op basis van taalbarometer 3.* BRIO & VUBPress, Brussel.

Jäppinen, A.-K. (2005). Thinking and content learning of mathematics and science as cognitional development in content and language integrated learning (CLIL): Teaching through a foreign language in Finland. *Language and Education, 19*(2), 148-169.

Lieberman, M.D., & Rosenthal, R. (2001). Why introverts can't always tell who likes them: Multitasking and nonverbal decoding. *Journal of personality and social psychology, 80*(2), 294.

Lokale Inburgerings- en Integratiemonitor (2015). Beschikbaar op http://www4dar.vlaanderen.be/sites/svr/Monitoring/Pages/integratiemonitor.aspx.

Rosiers, K., Willaert, E., Van Avermaet, P. & Slembrouck, S. (2016). Interaction for transfer. Flexible approaches to multilingualism and their pedagogical implications for classroom interaction in linguistically diverse mainstream classrooms. *Language and Education* 30 (3), DOI: 10.1080/09500782.2015.1117097.

Sierens, S., & Van Avermaet, P. (2010). Taaldiversiteit in onderwijs: van meertalig onderwijs naar functioneel veeltalig leren. In P. Van Avermaet, K. Van den Branden, & L. Heylen (red.), *Goed gegokt? Reflecties op twintig jaar gelijke-onderwijskansenbeleid in Vlaanderen* (pp. 45-64). Antwerpen: Garant.

Smet, P. (2011). *Samen taalgrenzen verleggen.* Conceptnota. Brussel.

Surmont, J., Struys, E., & Somers, T. (2015). Creating a framework for a large-scale implementation for CLIL: The first steps. *European Journal for Language Policy, 7*(1), 29-41.

Surmont, J., Van de Craen, P., Struys, E., & Somers, T. (2014). Evaluating a CLIL student: Where to find the CLIL advantage. In R. Breeze, C. Llamas Saiz, C. Martinez Paramar, & C. Tabernero Sala (Eds.), *Integration of Theory and Practice in CLIL* (pp. 55-74). Amsterdam: Rodopi.

Ting, Y.L.T. (2010). CLIL appeals to how the brain likes its information: Examples from CLIL-(Neuro) Science. *In Depth*, *3*(4), 5.

Van Avermaet, P., Slembrouck, S., & Vandenbergen, A.-M. (2015). *Talige diversiteit in het Vlaams onderwijs: problematiek en oplossingen*. Brussel: Koninklijke Vlaamse Academie van België voor wetenschappen en kunsten. Standpunt 30.

Van de Craen, P., Ceuleers, E., & Mondt, K. (2007). Cognitive development and bilingualism in primary schools: Teaching maths in a CLIL environment. In D. Marsh, & D. Wolff (eds.), *Diverse Contexts-Converging Goals, CLIL in Europe* (pp. 185-200). Frankfurt: Peter Lang.

Van de Craen, P., Surmont, J., Ceulers, E., & Allain, L. (2013). How policies influence multilingual education and the impact of multilingual education on practices. In A.-C. Berthoud, F. Grin, & G. Lüdi (eds.), *Exploring the Dynamics of Multilingualism* (pp. 343-364). Amsterdam-Philadelphia: John Benjamins Publishing Company.

Vandenbroucke, F. (2007). *De lat hoog voor talen in iedere school. Goed voor de sterken, sterk voor de zwakken.* Brussel.

Van den Branden, K. & Verhelst, M. (2009). Naar een volwaardig talenbeleid. Omgaan met meertaligheid in het Vlaams onderwijs. In J. Jaspers (red.), *De klank van de stad* (pp. 105-137). Leuven: Acco.

Vlaams onderwijs (2014) http://www.ond.vlaanderen.be/wegwijs/agodi/pdf/leerlingen-kenmerken/overzicht_2014_bao.pdf. Geraadpleegd op 2 december 2015.

Woumans, E., Surmont, J., Struys, E., & Duyck, W. (Accepted for publication). The longitudinal effect of bilingual immersion schooling on cognitive control and intelligence. Under review in *Language Learning*.

Hoofdstuk 7

Een talig divers leerlingenpubliek: het thuisgevoel en de vriendschapsrelaties van leerlingen op diverse scholen

Anouk Van der Wildt

7.1 TALIGE DIVERSITEIT ALS STRUIKELBLOK

Migratie en globalisatie maken onze maatschappij heel divers. Meer en meer kinderen op de Vlaamse schoolbanken hebben een migratieachtergrond. De instroom wordt ook steeds gevarieerder: de waaier aan landen van afkomst breidt zich uit. Deze evoluties zorgen ervoor dat de leerlingen die door scholen verwelkomd worden een heel aantal thuistalen en etnische achtergronden mee naar school brengen. Sommige van deze kinderen komen uit gezinnen waar thuis geen Nederlands gesproken wordt en komen op school voor het eerst intensief in contact met de nieuwe taal. Anderen hebben thuis wel al Nederlands gehoord, of gebruiken thuis zelfs enkel Nederlands, maar worden thuis weinig uitgedaagd op talig vlak en hebben een beperkte woordenschat. Het gaat dus niet enkel over een diversiteit aan thuistalen, maar ook over een diversiteit aan vaardigheden Nederlands én andere talen.

Leerkrachten zijn dikwijls onvoldoende voorbereid op zoveel diversiteit. Ze weten vaak niet hoe de concrete klaspraktijk het best vorm te geven en vertrouwen daarom op gewoonte of traditie, gezond verstand of hetgeen beleidsmakers zeggen. Talige diversiteit wordt in onze maatschappij regelmatig gezien als een struikelblok of een moeilijkheid: iets waar rekening mee gehouden moet worden, iets dat moeilijk op te vangen is of iets dat getolereerd moet worden. Ook op school zou talige diversiteit voor problemen zorgen. Er wordt gezegd dat 'om een gezonde schoolgemeenschap te creëren, er maar plaats is voor één gemeenschappelijke taal'. Aangezien Nederlands de instructietaal is op school en ook de voertaal in het dagelijks leven, lijkt het dan ook vanzelfsprekend om Nederlands als enige voertaal op school te tolereren. In Brussel is het Frans uiteraard veeleer de voertaal in het dagelijks leven, maar profileren Vlaamse scholen zich sterk als Nederlandstalig en wordt Nederlands ook dikwijls als enige taal toegelaten op school omdat kinderen enkel op school in aanraking zouden komen met Nederlands. Vaak wordt geopperd dat de school een belangrijke functie heeft in het integratieproces van migranten en hun kinderen in Vlaanderen. Leerlingen met een migratieachtergrond spreken thuis dikwijls een andere taal dan Nederlands. De school is dus de plaats bij uitstek om kinderen vertrouwd te maken en te onderwijzen in het Nederlands en hier wordt ook vanuit het beleid sterk de nadruk op gelegd. Zo krijgen scholen extra middelen als leerlingen een andere thuistaal dan Nederlands hebben om in te zetten op de taalvaardigheid Nederlands. Bij het aanleren van Nederlands speelt niet alleen de leerkracht een belangrijke rol, maar ook de andere leerlingen. Door te spelen met andere (Nederlandstalige) kinderen, leren anderstalige kinderen sneller Nederlands. Dat zou ook de sfeer in de klas ten goede komen. Men vreest dat 'het toelaten van de thuistalen van leerlingen op de speelplaats leidt tot kliekjesvorming'. Als kinderen op school een taal spreken die niet door iedereen verstaan kan worden, zou dat Nederlandstalige kinderen kunnen uitsluiten. Aangezien het de bedoeling is dat iedereen zich thuis voelt op school, wil men het gebruik van andere thuistalen zo veel mogelijk mijden op de speelplaats. Vanuit het eentaligheidsideaal is er dus enkel ruimte voor Nederlands op school en kiezen scholen en hun teams ervoor om dit zo veel mogelijk af te dwingen.

7.2   HET ONDERZOEK

Het Validiv-team deed onderzoek naar de impact van de talige diversiteit op school voor leerlingen. Voor dat onderzoek werden gegevens uit vragenlijsten bij 1 761 leerlingen en 1 255 leerkrachten uit 67 scholen gebruikt. De scholen werden geselecteerd in drie regio's (Brussel, Gent en de Limburgse mijngemeenten) waar veel families met een migratieachtergrond leven. In die regio's werden scholen geselecteerd met een verschillende schoolsamenstelling: in de minst 'gekleurde' scholen, sprak 17% van de leerlingen (ook) een andere taal dan Nederlands thuis, in de meest 'gekleurde' scholen sprak 100% van de leerlingen (ook) een andere taal dan Nederlands thuis (zie figuur 7.1).

Figuur 7.1 beschrijft de talige diversiteit in scholen. Die talige diversiteit werd gemeten aan de hand van de 'Herfindahl-index'. De index is een cijfer tussen 0 en 1 waarbij 0 betekent dat alle leerlingen in een school dezelfde taal spreken, terwijl 1 betekent dat alle leerlingen een andere taal spreken. De Herfindahl-index is dus hoger als er meer verschillende talen aanwezig zijn in een school. Wat we zien in de grafiek is dat scholen met een grote proportie aan meertalige leerlingen (rechts op de x-as) ook vaak zeer diverse scholen zijn (bovenaan op de y-as). Het fenomeen van scholen waar bijna uitsluitend leerlingen van één allochtone etnische en talige groep geconcentreerd zijn, is schaars geworden.

Figuur 7.1. Verdeling van scholen naar talige diversiteit op school en proportie leerlingen die (ook) een andere taal dan Nederlands spreken thuis.

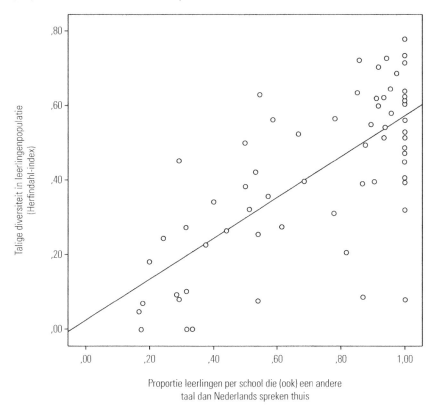

Proportie leerlingen per school die (ook) een andere
taal dan Nederlands spreken thuis

Dit hoofdstuk brengt twee thema's in verband met de leerlingenpopulatie van scholen: het gevoel zich thuis te voelen op school en het aantal vrienden dat eenzelfde taal spreekt thuis. Het gevoel zich thuis te voelen op school werd gemeten aan de hand van acht stellingen in de vragenlijst voor leerlingen, zoals: 'Ik voel me echt thuis op school' en 'Ik vind elke dag naar school gaan leuk', waarop leerlingen reageerden met 'helemaal akkoord', 'akkoord', 'tussenin', 'niet akkoord' en 'helemaal niet akkoord'. Het aantal vrienden dat eenzelfde taal spreekt thuis is gemeten met de vraag: 'Hoeveel van jouw beste vrienden spreken dezelfde taal als jij thuis?' Op die vraag konden de leerlingen reageren met 'geen enkele', 'enkele', 'de helft', 'de meeste' of 'allemaal'.

Naast de impact van die talige diversiteit op het thuisgevoel en de vriendschapsrelaties van leerlingen, werd ook de manier waarop leerkrachten met meertaligheid omgingen meegenomen in de analyses, met name: 'tolerante praktijken ten aanzien van meertaligheid'. Om dat te meten vroegen we aan leerkrachten of leerlingen een andere taal dan Nederlands mochten gebruiken in vier verschillende situaties: tijdens groepswerk, in de klas, op de speelplaats en om iets uit te leggen aan een klasgenoot. Zij antwoordden hierop met 'nooit', 'bijna nooit', 'soms', 'vaak' en 'heel vaak'.

We houden tijdens onze analyses ook rekening met allerlei andere leerlingenkenmerken die een rol kunnen spelen voor de leerlingenuitkomsten, namelijk: zittenblijven, socio-economische status, gender, etniciteit en of een leerling thuis enkel Nederlands spreekt of (ook) een andere taal. Er werd rekening gehouden met de clustering van leerlingen in scholen door het gebruik van een multilevel regressiemodel.

7.3   VOELEN LEERLINGEN ZICH THUIS OP EEN DIVERSE SCHOOL?

Leerlingen spenderen ongeveer de helft van de uren die ze wakker zijn op school. Het is dan ook van groot belang dat leerlingen zich goed voelen op de schoolbanken. Leerlingen bij wie de connectie met de school moeilijk verloopt, verlaten vaker de school zonder diploma en lopen een hoger risico op gedragsproblemen, delinquentie en druggebruik. Tegelijk hebben leerlingen die zich thuis voelen op school meer positieve attitudes ten opzichte van de school, de leerkrachten en huiswerk. Ze investeren daarom meer in school, wat zorgt voor sterkere studieresultaten.

Figuur 7.2.   Het gemiddelde gevoel zich thuis te voelen op school bij leerlingen met verschillende talige repertoires.

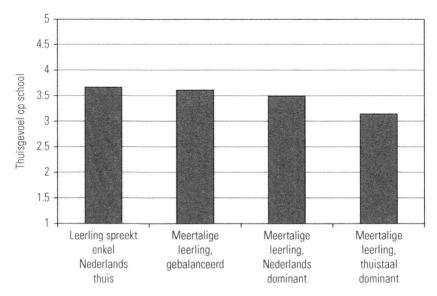

Uit het Validiv-onderzoek blijkt dat meertalige leerlingen zich minder thuis voelen op school dan leerlingen uit Nederlandstalige gezinnen (zie figuur 7.2). Zo scoren Nederlandstalige leerlingen gemiddeld 3.7 op 5 voor thuisgevoel, terwijl dat cijfer bij meertalige leerlingen tot 0.5 punt lager ligt. Afhankelijk van hun talige repertoire verschillen ook meertalige leerlingen in hun gevoel zich thuis te voelen op school. Wanneer meertalige kinderen een gebalanceerd talig repertoire hebben – dat wil zeggen dat ze zichzelf zowel voor Nederlands als voor hun thuistaal sterk inschatten – verschilt hun thuisgevoel niet significant van dat van kinderen die thuis enkel Nederlands spreken. Het thuisgevoel op school is wel significant lager voor meertalige leerlingen die zich enkel voor Nederlands of enkel voor hun thuistaal sterk inschatten als we de vergelijking maken met leerlingen uit een gezin waar enkel Nederlands gesproken wordt.

Het zou kunnen dat deze verschillen veroorzaakt worden door de manier waarop de school met meertaligheid omgaat. Leerlingen worden dikwijls aangesproken op het belang van het Nederlands en er wordt hen afgeraden de thuistalen op school te gebruiken. Hierdoor komt de focus te liggen op hun gebreken en niet op hun sterktes. Het is dus geen verrassing dat van alle meertalige leerlingen, de leerlingen die het minst zeker zijn over hun kennis van het Nederlands ook het laagst scoren op hun thuisgevoel op school. Vele leerkrachten vinden het namelijk erg belangrijk dat hun leerlingen goed Nederlands spreken, omdat het door hen gezien wordt als een voorwaarde om mee te kunnen volgen met de lessen en te kunnen presteren op school. Bijgevolg gaat men ervan uit dat leerlingen die dus niet zo goed Nederlands kunnen spreken, ook slechter zullen presteren op school. Doordat dit eentaligheidsideaal zo duidelijk naar voren wordt gebracht in vele scholen, is het niet zo verwonderlijk dat dit weerspiegeld wordt in de ideeën van leerlingen. Impliciet merken zij dat de verwachtingen naar hen toe lager zijn. Leerlingen hebben daardoor het gevoel dat 'hun' thuistaal onnuttig of zelfs ongewenst is. Aangezien leerlingen zich dikwijls beter kunnen uitdrukken in hun thuistaal en hier dagelijks gebruik van maken, kan de verwerping van hun thuistaal ook gezien worden als het gevoel dat zijzelf ook niet welkom zijn op school. Al deze factoren samen kunnen ervoor zorgen dat meertalige leerlingen zich minder thuis voelen op school dan hun Nederlandstalige klasgenoten.

Ook leerlingen die zichzelf enkel sterk inschatten voor Nederlands en niet voor hun thuistaal voelen zich minder thuis op school dan hun Nederlandstalige klasgenoten. Dat zou kunnen komen doordat ze voelen dat hun talige competentie niet in evenwicht is: in de schoolcontext kunnen zij terecht met hun kennis Nederlands, maar thuis voelen ze dat hun thuistaal niet sterk ontwikkeld is. Een mogelijke verklaring hiervoor is dat ze zich door dit onevenwicht minder thuis voelen op school, op school wordt enkel gefocust op Nederlands terwijl dat hen niet vooruithelpt in hun familieband.

Naast het vergelijken van meertalige met Nederlandstalige leerlingen, heeft het Validiv-onderzoek ook gekeken naar het verschil tussen leerlingen in diverse tegenover minder diverse scholen. Algemeen wordt aangenomen dat er een gemeenschappelijke taal nodig is zodat er een sterke schoolgemeenschap ontstaat. Vanuit deze bedenking zouden we dan ook kunnen aannemen dat het voor kinderen moeilijker is zich thuis te voelen in een school waar een grote talige diversiteit heerst. In talig diverse scholen is er een grote verscheidenheid aan talen, maar ook aan etnische en culturele achtergronden, wat het niet evident maakt om een groepsgevoel te creëren. Uit het Validiv-onderzoek blijkt echter dat er geen verschil is in het thuisgevoel van leerlingen op scholen met een andere talige instroom. Toch blijkt uit de cijfers dat ook leerlingen het moeilijk hebben met talige diversiteit op school en wat hulp kunnen gebruiken bij het creëren van een groepsgevoel in de diversiteit op school. Hulp die ze, al dan niet bewust, ook krijgen van de leerkrachten. Die hulp bestaat erin dat leerkrachten meertaligheid een plaats geven op school. De onderzoeksresultaten wijzen erop dat leerkrachten in scholen met een hogere talige diversiteit leerlingen vaker toelaten om hun thuistaal te gebruiken tijdens een groepswerk, om leerstof uit te leggen aan een klasgenoot, op de speelplaats of in de klas.

Figuur 7.3.   Verdeling van scholen naar talige diversiteit en tolerantie ten aanzien van meertaligheid.

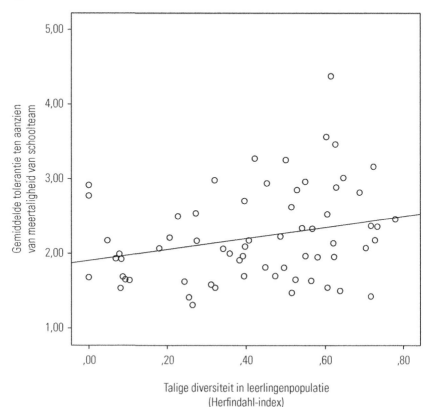

In figuur 7.3 zien we dat in talig diverse scholen de gemiddelde tolerantie ten aanzien van meertaligheid in het schoolteam hoger ligt. Leerkrachten in talig diverse scholen laten de aanwezige meertaligheid aan bod komen in de klas door leerlingen toe te laten andere talen te gebruiken tijdens groepswerk of om leerstof aan elkaar uit te leggen. Doordat hiervoor ruimte gecreëerd wordt, kunnen leerlingen de diversiteit een plaats geven op school. Het is dan ook interessant om op te merken dat de manier waarop leerkrachten omgaan met meertaligheid ervoor zorgt dat leerlingen in diverse scholen zich ook thuis voelen op school. Dat resultaat vinden we zowel voor meertalige als voor Nederlandstalige leerlingen. Ons onderzoek wijst er dus op dat het ook voor het thuisgevoel van Nederlandstalige leerlingen belangrijk is dat meertaligheid een plaats krijgt op school. Ook zij hebben baat bij een consistent schoolbeleid dat die diversiteit een plaats geeft op school.

Een belangrijke kanttekening bij deze bevindingen is dat over het algemeen de tolerante praktijken ten aanzien van meertaligheid toch nog veeleer de uitzondering dan de regel blijken. Leerkrachtenteams scoren gemiddeld 2.2 op een schaal van 5: een cijfer veeleer aanleunend bij 2 ('bijna nooit') dan bij 3 ('soms'). Dat zou dus kunnen betekenen dat er nog een groot potentieel ligt in het tolereren van meertaligheid om het thuisgevoel van leerlingen te bevorderen.

7.4 ZIJN DE VRIENDSCHAPPEN VAN LEERLINGEN OP DIVERSE SCHOLEN MEER DIVERS?

De school is niet alleen een omgeving waar leerlingen nieuwe kennis opdoen, ze bouwen er ook vriendschappen met anderen. De instroom van de school bepaalt deels welke vrienden een leerling zal hebben.

Uit sociologisch onderzoek weten we dat mensen vooral het gezelschap opzoeken van anderen die op hen gelijken: vrouwen hebben vooral andere vrouwen als vriendinnen, onze vrienden zijn meestal ongeveer even oud als wijzelf, mensen uit dezelfde socio-economische milieus zoeken elkaar op en ook kinderen met dezelfde etnische afkomst of thuistaal zien we vaak samen. Er worden zelden vragen gesteld bij vriendschappen tussen mensen met eenzelfde geslacht of leeftijd. Dat is wel het geval bij etniciteit of taal: het ideaal in de samenleving is om naar een 'gezonde mix' te streven. Die 'gezonde mix' staat dan voor een weerspiegeling van de samenleving in vriendschappen: het zou bevorderend zijn voor de cohesie van de diverse samenleving dat leerlingen met verschillende afkomst en thuistaal contacten leggen met elkaar. Daarnaast zou de 'gezonde mix' ervoor zorgen dat leerlingen van een andere afkomst in contact komen met Nederlandstalige leeftijdsgenoten. Het verwerven van Nederlands wordt als extreem belangrijk gezien voor het slagen in de samenleving van vandaag en de samenstelling van de school wordt daarvoor ook ingezet als instrument.

Het leggen van contacten met anderen is natuurlijk afhankelijk van de omgeving waarin een leerling zich bevindt. Zit een leerling op een school met enkel Nederlandstalige, autochtone kinderen, dan kan die leerling op school onmogelijk meertalige allochtone vriendjes maken, en net andersom. De samenstelling van de school is dus een belangrijke factor in de 'selectie' van vrienden.

Het Validiv-onderzoek toont dat het belang van thuistaal voor vriendschapsrelaties bij leerlingen meer doorweegt bij Nederlandstalige leerlingen dan bij meertalige leerlingen (zie figuur 7.4). De scores van beide groepen liggen tussen 3 ('de helft van mijn vrienden spreekt dezelfde taal als ik thuis') en 4 ('de meeste van mijn vrienden spreken dezelfde taal als ik thuis'). Nederlandstalige leerlingen scoren 3.7 op 5 voor vriendjes van dezelfde taal, terwijl meertalige leerlingen gemiddeld 3 op 5 scoren. Nederlandstalige leerlingen neigen dus veeleer naar de meeste (een score van 4) van hun vriendjes die Nederlands spreken thuis, terwijl voor meertalige leerlingen maar de helft (een score van 3) van hun vriendjes dezelfde taal als zij spreekt thuis.

Figuur 7.4.   De gemiddelde score op vrienden die dezelfde taal spreken thuis, voor leerlingen die enkel Nederlands spreken thuis en leerlingen die (ook) een andere taal dan Nederlands spreken thuis.

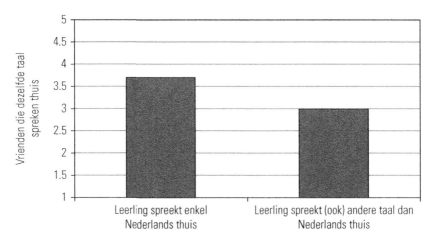

Uit het Validiv-onderzoek blijkt dat de invloed van de schoolsamenstelling ook verschilt voor leerlingen uit een Nederlandstalig of een meertalig gezin. Nederlandstalige leerlingen in diverse scholen hebben vaker meertalige vrienden dan Nederlandstalige leerlingen in homogene scholen, waar meestal weinig leerlingen met een andere thuistaal zitten. Voor Nederlandstalige leerlingen zorgt de instroom aan diversiteit dus ook voor diversiteit in hun vriendschappen. Een meer diverse school betekent voor Nederlandstalige leerlingen dat er meer kinderen instromen die een andere taal dan hen spreken thuis. Bij meertalige leerlingen ligt dat anders. Meertalige leerlingen in diverse scholen hebben vaker vrienden die thuis dezelfde taal als zij spreken dan in minder diverse scholen. Dit fenomeen is te verklaren doordat deze leerlingen in een minderheidspositie zitten. Meertalige leerlingen in homogeen Nederlandstalige scholen zitten in een minderheidspositie en kunnen door de samenstelling van de school niet anders dan gemengde vriendschappen aangaan. Wanneer de scholen diverser worden, krijgen zij de kans om andere leerlingen op te zoeken met dezelfde thuistaal als zij. We kunnen dus zeggen dat zij vanuit een andere positie vertrekken dan Nederlandstalige leerlingen.

Er is heel wat ongerustheid over het effect van het toelaten van meertaligheid op school op de vriendschapsrelaties van leerlingen. Vaak is er de angst dat er kliekjes gaan ontstaan die enkel de thuistaal spreken op de speelplaats en waar Nederlandstalige kinderen niet meer welkom zijn. Uit het Validiv-onderzoek leren we echter dat deze angst onterecht is. In scholen die meer openstaan voor meertaligheid hebben meertalige kinderen meer gemengde vriendengroepen, voor Nederlandstalige kinderen maakt het geen verschil. We kunnen dus concluderen dat een open beleid ten aanzien van meertaligheid de verscheidenheid van vriendschapsgroepen niet in de weg staat.

7.5   CONCLUSIE

Talige diversiteit is niet meer weg te denken uit het Vlaamse onderwijslandschap. Kinderen brengen een veelheid aan talen mee naar de klas en leerkrachten weten niet altijd hoe ze dat het best aanpakken. Talige diversiteit op school wordt, ook door leerlingen, dikwijls als iets moeilijks ervaren. In dit hoofdstuk werd beschreven op welke manier de instroom van een school een impact heeft op het welbevinden van de leerlingen en de manier waarop ze met elkaar omgaan. Het Validiv-onderzoek toont aan dat het zowel op het vlak van het thuisgevoel op school als op het vlak van vriendschapsrelaties een goed idee is om meer ruimte te creëren voor meertaligheid op school. Daarnaast zien we ook dat er nog ruimte is om die tolerantie ten aanzien van meertaligheid uit te breiden. Waar het vandaag vaak nog blijft bij het heel zelden tolereren van het gebruik van de thuistalen in de schoolcontext, kan dat ook verder doorgetrokken worden en een essentieel deel worden van de schoolwerking.

Directies of pedagogisch begeleiders zouden leerkrachten kunnen motiveren om voor elke les de oefening te maken om zo veel mogelijk rekening te houden met meertalige leerlingen. Krijgen de leerlingen een schrijfoefening? Ondersteun hen dan in het gebruik van de schooltaal en leer hen hoe ze dit kunnen linken aan hun thuistaal, bijvoorbeeld door het gebruik van een woordenboek of websites die synoniemen aanleveren. Maken de leerlingen een spreekbeurt? Help hen dan bij het opzoeken en integreren van informatie uit verschillende talen. Schrijven de leerlingen een nieuwjaarsbrief? Vraag de leerlingen naar de gebruiken in hun gezin en hoe zij 'gelukkig nieuwjaar' zeggen in hun taal. Door het talenbeleid meer open te stellen voor meertaligheid kunnen we het thuisgevoel van zowel meertalige als Nederlandstalige leerlingen versterken. Bovendien is een taalbeleid dat openstaat voor meertaligheid geen struikelblok voor gemengde vriendschappen. Jammer genoeg voelen leerkrachten zich vaak onzeker om te experimenteren in de klas. Het helpt hen te ondersteunen in hun experiment en hen te stimuleren om samen te werken met collega's. Ook het openstellen van de klasdeuren kan een heel vruchtbare oefening zijn en het zelfvertrouwen aanwakkeren. Het is belangrijk dat leerkrachten het gevoel hebben dat ze niet afgestraft worden om nieuwe dingen te proberen, ook zij leren dagelijks bij in hun praktijk en fouten maken is bijgevolg onvermijdelijk.

Beleidsmakers hebben al heel wat stappen ondernomen om meertaligheid een plaats te geven in het onderwijs. Jammer genoeg gaat het daarbij vaak over prestigetalen zoals Engels en Frans die extra aangemoedigd worden en niet over de meer courante talen van mensen met een migratieachtergrond (denk maar aan Italiaans of Pools). Toch is het voor het welbevinden van de meertalige leerlingen in het Vlaamse onderwijs belangrijk dat ook inzake minderheidstalen een positief beleid wordt gevoerd. Dat kan bijvoorbeeld door talen als Turks of Berbers aan te bieden als vreemde taal op school.

REFERENTIES

Aboud, F. E., & Sankar, J. (2007). Friendship and identity in a language-integrated school. *International Journal of Behavioral Development*, 31, 445-453.

Agirdag, O. (2010). Exploring bilingualism in a monolingual school system: insights from Turkish and native students from Belgian schools. *British Journal of Sociology of Education*, 31(3), 307-321. doi: 10.1080/01425691003700540

Blommaert, J., & Verschueren, J. (1991). The Pragmatics of Minority Politics in Belgium. *Language in Society*, 20(4), 503-531.

Byrnes, D. A., Kiger, G., & Manning, M. L. (1997). Teachers' attitudes about language diversity. *Teaching and Teacher Education*, 13(6), 637-644.

Castelli, L., Sherman, S. J., & De Amicis, L. (2007). The Loyal Member Effect: On the Preference for Ingroup Members Who Engage in Exclusive Relations With the Ingroup. *Developmental Psychology*, 43(6), 1347-1359.

Creese, A., & Blackledge, A. (2011). Separate and flexible bilingualism in complementary schools: Multiple language practices in interrelationship. *Journal of Pragmatics*, 43, 1196-1208.

Martín Rojo, L. (2013). (De)capitalizing Students Through Linguistic Practices. A Comparative Analysis of New Educational Programmes in a Global Era. In A. Duchêne, M. Moyer & C. Roberts (Eds.), *Language, Migration and Social Inequalities: A Critical Sociolinguistic Perspective on Institutions and Work*. Bristol: Multilingual Matters.

Van Der Wildt, A., Van Avermaet, P., & Van Houtte, M. (2015). Do birds singing the same song flock together? A mixed-method study on language as a tool for changing social homophily in primary schools in Flanders (Belgium). *International Journal of Intercultural Relations*, 49, 168-182.

Van Der Wildt, A., Van Avermaet, P., & Van Houtte, M. (2016). *Multilingual School Population: Ensuring School Belonging by tolerating Multilingualism.* International Journal of Bilingual Education and Bilingualism.

Een meertalige klas is moeilijk voor leerkrachten: het ontwikkelen van meertalige lespraktijken

Anouk Van der Wildt

8.1 WAAROM MEERTALIGHEID EEN TROEF KAN ZIJN OP SCHOOL

Kinderen die opgroeien in een thuissituatie waar een andere taal dan het Neder-lands wordt gebruikt, komen op school in een omgeving terecht waar enkel Neder-lands is toegestaan. Dat is niet altijd gemakkelijk voor hen en wel om drie redenen.

De eerste reden is het gevoel van het kind. Meertalige leerlingen die terechtkomen in een eentalig milieu op school worden, met goede bedoelingen, aangesproken op hun taalgebruik. Vaak wordt gedacht dat, in het belang van het kind, het vermijden van de thuistaal belangrijk is. Zo zouden kinderen het gemakkelijker hebben om Nederlands te verwerven en zou een leerachterstand voorkomen kunnen worden. Impliciet geven we hiermee de leerling de boodschap dat hun thuistaal geen waarde heeft om te leren.

De tweede reden is dat leerlingen hun thuistaal gebruiken om hun identiteit te tonen aan anderen. Zo gebruiken veel leerlingen vaker tussentaal of dialect als ze met hun familie spreken of begroeten jongeren elkaar met 'joooooh!' in plaats van 'goeiedag'. Voor meertalige leerlingen is dat niet anders. De thuistaal is gelinkt met hun thuismilieu, met hun familie. Het verbieden van die thuistalen op school wil voor deze kinderen dus zeggen dat ze een deeltje van hun identiteit moeten achter-laten aan de schoolpoort.

Een derde reden waarom de thuistaal van meertalige leerlingen belangrijk is, vinden we als we kijken naar hoe meertalige kinderen leren. We weten dat het opbouwen van nieuwe kennis vooral gebeurt door het linken van nieuwe informatie aan de reeds opgebouwde kennis. Leerkrachten proberen daarom de lessen zo veel mogelijk te laten aansluiten bij de leefwereld van leerlingen. Dat is niet anders voor taal. Leer-lingen zullen sneller Nederlands leren als ze dit kunnen linken aan hun thuistaal.

Heel dikwijls wordt gedacht dat een nieuwe taal het best geleerd wordt op dezelfde manier als we onze thuistaal leren: zonder hulp van een andere taal. Daardoor wordt het in de Franse les niet getolereerd dat Nederlands gebruikt wordt en is het gebruik van de thuistaal niet toegelaten in de Nederlandstalige klas. Maar als we nadenken vanuit een leerperspectief – nieuwe kennis wordt beter verworven als ze gelinkt wordt aan reeds aanwezige kennis – dan kunnen we toch wat vraagtekens zetten bij deze ideeën.

Het ijsbergmodel van Jim Cummins toont hoe de taalsystemen van meertalige kinderen kunnen samenhangen (figuur 8.1). Onder het wateropper-vlak bevindt zich een centraal kennis-

Figuur 8.1. IJsbergmodel van Jim Cummins.

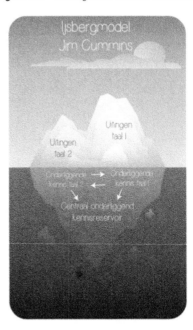

reservoir dat de verschillende talen die kinderen leren linkt. Dat maakt dat kinderen bij het aanleren van een tweede taal verder bouwen op de fundamenten van de eerste taal die al aanwezig is in dit kennisreservoir.

Een plaats geven aan de thuistalen van meertalige kinderen heeft dus voordelen: om ervoor te zorgen dat kinderen blijven geloven in zichzelf, zich goed voelen op school en sterkere leerprestaties kunnen neerzetten. Ook voor kinderen die thuis Nederlands spreken met hun ouders, kan meertaligheid de school tot een rijkere omgeving maken. Onderzoek toont dat eentalige kinderen die op school kennismaken met de thuistalen van meertalige klasgenootjes, meer gemotiveerd zijn om andere talen te leren en meer interesse tonen om andere culturen te leren kennen.

8.2 MEERTALIGHEID ALS UITDAGING VOOR LEERKRACHTEN

Elke leerkracht probeert in de klas een optimaal leerklimaat te creëren, ook voor meertalige kinderen. Op dat vlak zijn leerkrachten ervan overtuigd dat elke seconde moet benut worden om leerlingen het Nederlands zo goed mogelijk te laten verwerven. Het Nederlands is immers belangrijk om een succesvolle school- en later ook professionele carrière op te bouwen, maar ook om deel te zijn van de Vlaamse maatschappij. Leerkrachten raden, met goede bedoelingen, het gebruik van thuistalen op school af, maar onderzoek toont aan dat dit niet altijd een goed idee is.

Tijdens het thuistaalonderzoek, dat tot 2012 liep in Gent, blijkt dat de verwerving van het Nederlands er niet onder lijdt als ook tijd geïnvesteerd wordt in de thuistalen van leerlingen. Zo leerden leerlingen van Turkse afkomst uit het eerste leerjaar eerst lezen en schrijven in het Turks alvorens dat ook in het Nederlands te leren. Hiervoor werd, tijdens de lesuren, tijd vrijgemaakt en er werd een tweetalige leerkracht Turks-Nederlands ingezet. Bij de evaluatie van deze lessen vond men geen effecten op de taalvaardigheid in het Nederlands. De leerlingen die tijd gespendeerd hadden om Turks te leren, bleken geen achterstand te hebben opgelopen in het Nederlands. Dat kwam omdat de thuistaal van leerlingen versterkt was. Hierdoor konden zij gemakkelijker de overstap naar het Nederlands maken. Het Turks staat daarbij het Nederlands dus niet in de weg, maar zorgt er eigenlijk voor dat het kind een bredere basis heeft om op voort te bouwen, ook in het Nederlands.

Een andere reden waarom leerkrachten niet altijd graag thuistalen toelaten in de klas, is eerder van praktische aard. Eerst en vooral hebben leerkrachten vaak het gevoel dat ze minder controle hebben over de klas als iedereen zijn thuistaal ook inzet in de klas. Dat is bijvoorbeeld het geval als meertalige leerlingen in hun eigen taal aan een groepswerk werken of als ze tussendoor iets zeggen tegen elkaar in hun thuistaal. Leerkrachten krijgen dan vaak het gevoel dat leerlingen niet met de leerstof bezig zijn en vooral lachen en spelen. Deze angst is niet helemaal ongegrond. Toch ligt dat niet alleen maar aan het gebruik van een andere taal dan Nederlands. Ook leerlingen die in het Nederlands een groepswerk maken, zijn niet altijd bezig met de opdracht. Om het gevoel van controleverlies te verkleinen, is er een eenvoudig trucje: je kunt als leerkracht regelmatig bij de groepjes langsgaan en hen vragen te vertellen (in het Nederlands) wat ze al gedaan hebben. Op deze manier help je hen om de transfer vanuit hun thuistaal naar het Nederlands te maken en worden de leerlingen uitgedaagd om hun gedachten op een rij te zetten en eventuele twijfels met jou af te toetsen.

Naast het controleverlies vrezen vele leerkrachten dat als ze ruimte maken voor meertaligheid in de klas, dat ook extra werkdruk met zich meebrengt. Jammer genoeg hebben leerkrachten daarin gelijk: gewoontes veranderen en de klaspraktijk bijsturen vragen steeds een inspanning. Toch overschatten leerkrachten deze extra werkdruk vaak. Het is niet altijd moeilijk voor leerkrachten om thuistalen een plaats te geven in de klas, bijvoorbeeld door taalhomogene groepjes samen te stellen en door kinderen te laten vertellen over hun thuistaal. Leerkrachten hebben vooral nood aan het aanleren van een nieuw perspectief, eerder dan dat ze bergen werk zouden moeten verzetten. Door met een andere bril naar de klaspraktijk te kijken, zullen leerkrachten vanuit hun eigen creativiteit zelf kansen zien. Moet er een moeilijke woordenschat aangeleerd worden? Laat leerlingen die nieuwe woorden dan linken met hun thuistaal. Werk je rond de actualiteit? Verwelkom ook krantenartikelen in andere talen in de klas en laat leerlingen schitteren door hen de inhoud te laten uitleggen voor de groep.

Een laatste bekommernis die vaak aangehaald wordt door leerkrachten bij het toelaten van thuistalen op school is dat leerlingen kliekjes zouden vormen met anderen die hun eigen taal spreken. Uit ons onderzoek (zie ook hoofdstuk 7) blijkt echter dat deze angst onterecht is en meertalige kinderen in scholen waar hun thuistaal meer wordt toegelaten, hun vriendengroepen meer mengen.

8.3   HET VALIDIV-PROJECT GEEFT LEERKRACHTEN EEN DUWTJE IN DE RUG

Het Validiv-project streeft ernaar leerkrachten te stimuleren en te ondersteunen om de thuistalen van meertalige kinderen een plaats te geven op school. Hiervoor werden instrumenten ontwikkeld die scholen konden gebruiken en werden vier schoolcoaches ingezet. Zij gaven samen met de kernteams van scholen het talenbeleid een meertalig kleurtje en begeleidden individuele leerkrachten in hun experimentjes met meertaligheid in de klas.

In de meeste scholen botsten de schoolcoaches op weerstand bij de leerkrachten. Het is niet altijd zo gemakkelijk om je klaspraktijk helemaal te veranderen. Vele leerkrachten werken elke dag heel hard aan het uitzoeken van de manieren waarop ze hun klaspraktijken kunnen verfijnen. Toch komt dit niet altijd overeen met wat er van hen gevraagd werd tijdens het project. Processen van veranderingen zijn altijd voor een deel een stap in het duister, en daarom is weerstand en zelfs angst heel normaal.

De schoolcoaches van het Validiv-project functioneerden als 'kritische vrienden' voor de leerkrachten. Het begrip van de kritische vriend komt uit onderzoek naar de versterking van scholen. Het is iemand die twee rollen combineert: ten eerste geeft de persoon de leerkrachten een duwtje in de rug om nieuwe dingen te proberen, ook als ze zich daarvoor angstig voelen. Op zo een moment komt ook de tweede rol in het spel: de ondersteunende rol. De kritische vriend geeft steun waar nodig en heeft oor voor de onzekerheid die leerkrachten voelen. Ze proberen hen bij te staan en te ondersteunen waar nodig. Stapje voor stapje werkten de schoolcoaches aan hun vertrouwensband met de schoolteams. Toch konden de schoolcoaches niet elke leerkracht even diepgaand bereiken. Dat was vaak het geval omdat leerkrachten onderwijsprofessionals zijn die zeer zelfstandig hun klaspraktijk vormgeven.

8.4   HET ONDERZOEK

Het Validiv-team keek of leerkrachten in de Validiv-scholen meer tolerant waren voor thuistalen op het einde van het project. Daarvoor werden de leerkrachten twee keer bevraagd: één keer bij het begin van het project en één keer op het einde. Bij de start van het schooljaar 2012-2013 vulden 1 255 leerkrachten de vragenlijst in en op het einde van het schooljaar 2013-2014 namen 763 van hen deel aan de tweede bevraging. De scholen werden geselecteerd in drie regio's (Brussel, Gent en de Limburgse mijngemeenten) waar veel families met een migratieachtergrond leven.

De focus van het onderzoek waren de klaspraktijken van leerkrachten. Die werden in kaart gebracht via vragen over hun 'tolerante praktijken ten aanzien van meertaligheid'. Om dat te meten vroegen we aan leerkrachten of leerlingen een andere taal dan het Nederlands mochten gebruiken in vier verschillende situaties: tijdens groepswerk, in de klas, op de speelplaats en om iets uit te leggen aan een klasgenoot. Zij antwoordden hierop met 'nooit', 'bijna nooit', 'soms', 'vaak' en 'heel vaak'. Dezelfde vragen werden afgenomen voor én na de implementatie van het Validiv-project.

De helft van de Validiv-scholen nam actief deel aan het Validiv-project. Deze werden dus begeleid door de schoolcoaches en kregen ook de Validiv-onderwijsinstrumenten ter beschikking. De andere helft van de scholen functioneerde als controleschool. Net zoals in de 'experimentscholen' werden vragenlijsten afgenomen bij de leerkrachten, directie, leerlingen en hun ouders, maar daarnaast beïnvloedde het Validiv-team deze scholen niet.

Naast het feit of de scholen aan de projectconditie of aan de controleconditie deelnamen, werden voor de projectscholen ook nog extra gegevens verzameld bij de schoolcoaches. Zij beoordeelden de teams in de Validiv-scholen op het einde van de implementatie op het voldoen aan de 'basisvoorwaarden voor een innovatietraject'. Daarmee gaven ze aan in hoeverre ze dachten dat een school 'klaar' was om bij de start aan het Validiv-project te beginnen. Scholen die 'klaar' waren werden omschreven als scholen waar leerkrachten hun klaspraktijk durfden in vraag te stellen, waar energie was om een vernieuwingstraject te starten en waar leerkrachten zich veilig voelden om te experimenteren. Scholen die nog niet 'klaar' waren, waren scholen waar bijvoorbeeld een wantrouwige schoolcultuur heerste, waar de communicatie moeilijk liep of waar zeer recent grote veranderingen waren geweest waardoor het team een volgende vernieuwing (nog) niet zag zitten.

We houden tijdens onze analyses ook rekening met allerlei andere leerkrachtenkenmerken die een rol kunnen spelen voor de tolerante praktijken ten aanzien van meertaligheid, namelijk: gender, ervaring, socio-economische status, de rol van de leerkracht op school (zorgleerkracht, SES-leerkracht, kleuterschool, lagere school, Lichamelijke Opvoeding, Godsdienst of Zedenleer) en de tolerante praktijken ten aanzien van meertaligheid op meetmoment 1. Daarnaast werd op schoolniveau gecontroleerd voor de talige diversiteit in de leerlingenpopulatie. Er werd rekening gehouden met de clustering van leerkrachten in scholen door het gebruik van een multilevel regressiemodel.

8.5   HEEFT HET VALIDIV-PROJECT DE KLASPRAKTIJK VERANDERD?

Tijdens de eerste bevraging in het najaar van 2012 scoorden de leerkrachten die het meest tolerant stonden ten aanzien van meertaligheid 5, terwijl de minst tolerante leerkrachten 1 scoorden. Leerkrachten uit de controlescholen verschilden niet van de leerkrachten uit projectscholen met betrekking tot hun tolerante praktijken ten aanzien van meertaligheid, gemiddeld behaalden ze 2.17 op de schaal. Dat wijst erop dat leerkrachten 'bijna nooit' toelaten dat leerlingen andere talen dan het Nederlands gebruiken op school. Bij het einde van het Validiv-project zagen we dat leerkrachten in projectscholen hoger scoorden (2.83) in vergelijking met de controlescholen (2.42) (zie ook figuur 8.2). Het cijfer van 2.83 ligt al dichter bij 3, wat staat voor het 'soms' toelaten van andere talen dan het Nederlands in de klas. Er blijft dus nog steeds ruimte voor groei, maar een eerste stap werd al gezet met het Validiv-project. Het Validiv-project is geslaagd in het stimuleren van tolerante praktijken ten aanzien van meertaligheid bij leerkrachten.

Figuur 8.2.   Tolerante praktijken ten aanzien van meertaligheid voor leerkrachten in project- en controlescholen op verschillende meetmomenten.

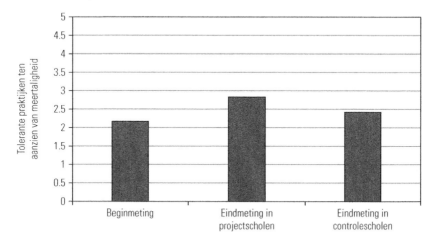

Als we dan keken naar het belang van de basisvoorwaarden voor een innovatie-traject, zagen we dat deze belangrijk waren voor het slagen van het project. In scholen die klaar waren voor een innovatietraject, kon het Validiv-project betere resultaten boeken en groeiden de tolerante praktijken ten aanzien van meertalig-heid meer dan in scholen die nog niet klaar waren voor een innovatietraject.

Op basis van de informatie uit de eindmeting werden niet alleen scholen met elkaar vergeleken, maar ook verschillen tussen leerkrachten werden bekeken. Uit de analyses bleek er geen verschil te zijn in tolerante praktijken tussen mannelijke en vrouwelijke leerkrachten, maar wel tussen leerkrachten die een verschillende rol vervullen op school. Vier categorieën leerkrachten werden naast elkaar gelegd: leerkrachten uit de lagere school, leerkrachten uit de kleuterschool, zorg- en SES-leerkrachten en leerkrachten religie en sport. We vonden dat leerkrachten uit de kleuterschool, zorg- en SES-leerkrachten meer tolerant waren naar meertaligheid toe dan leerkrachten uit de lagere school. Er was geen verschil tussen leerkrachten uit de lagere school en leerkrachten religie en sport (zie figuur 8.3).

Figuur 8.3. Tolerante praktijken ten aanzien van meertaligheid voor leerkrachten met een verschillende rol op school.

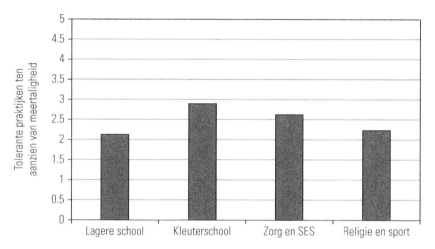

Ook de verandering in tolerante praktijken ten aanzien van meertaligheid werd vergeleken tussen leerkrachten. Daarbij viel op dat leerkrachten die voor de start van het project al toleranter waren (kleuterleid(st)ers en zorg- en SES-leerkrachten), ook tijdens het project de grootste verandering in tolerantie toonden. Dat is op zich niet verbazend. Zij stonden aan het begin van het project al positiever tegenover thuistalen op school, wat ervoor zorgde dat ze hun lespraktijk tijdens het project ook het meest verder ontwikkelden.

8.6   CONCLUSIE

Hoewel het toelaten van de thuistalen van meertalige leerlingen heel wat voordelen heeft, voelen leerkrachten in Vlaanderen zich nog onzeker om deze ten volle te verwelkomen op school en in de klas. Ze spelen dikwijls op veilig en kiezen voor een eentalig beleid dat talige diversiteit weert. Het Validiv-project heeft op deze onzekerheden ingespeeld met als doel de tolerantie ten aanzien van meertaligheid te versterken in de Vlaamse lespraktijk door verschillende instrumenten te ontwikkelen die leerkrachten konden gebruiken tijdens hun lessen, maar ook door hen te ondersteunen bij het veranderen van hun lespraktijken.

Het Validiv-project zorgde inderdaad voor een verandering. Leerkrachten in Validiv-scholen bleken bij het beëindigen van het project toleranter met thuistalen om te gaan dan leerkrachten in de controlescholen.

Daarnaast blijkt echter ook dat het Validiv-project vooral een effect heeft gehad op scholen en leerkrachten die dat het minst nodig hadden. Zo zagen we dat in scholen die 'klaar' waren voor een innovatietraject de grootste resultaten werden geboekt. Daarnaast merkten we ook op dat leerkrachten die bij het begin van het project al het meest tolerantie toonden naar thuistalen toe, ook het meeste groei lieten zien. Dat is op zich niet zo verwonderlijk aangezien leerkrachten eerst overtuigd moeten worden van het idee achter de introductie van thuistalen van leerlingen op school, voordat ze ook daadwerkelijk hun klaspraktijken hieraan willen aanpassen. Een eerste belangrijke stap blijft dus het voorbereiden van scholen op innovatie. Daarnaast is er aandacht nodig voor het idee achter de waardering van thuistalen van meertalige leerlingen op school. Deze thuistalen worden nog al te vaak stiefmoederlijk behandeld, terwijl ze wel voordelen kunnen opleveren voor het gevoel én de leerresultaten van leerlingen. Het lijkt erop dat het Validiv-project te weinig kracht had om alle scholen en leerkrachten aan te moedigen tot grote veranderingen. Dat zou kunnen liggen aan de beperkte tijd die de schoolcoaches konden investeren per school of aan de korte duur van het project in het algemeen. Daarnaast vroegen we vaak aan scholen om ineens mee te gaan in het idee achter het Validiv-project. Toch bleek dat het niet altijd vanzelfsprekend was om leerkrachten de meerwaarde van thuistalen op school zelf te laten inzien. Het taalbadmodel – namelijk dat leerlingen het best zo veel mogelijk Nederlands spreken op school – is erg dominant en zorgt ervoor dat niet alle leerkrachten meteen openstonden voor het toelaten van de thuistalen van meertalige leerlingen in de klas.

Directies spelen een belangrijke rol om innovatieprojecten zoals Validiv zo veel mogelijk te laten renderen. Dat kunnen ze doen door aandacht te hebben voor de basisvoorwaarden voor innovatietrajecten in hun school. Een sfeer waarbij leerkrachten het gevoel hebben dat ze steeds geëvalueerd worden en waarin fouten worden afgestraft, is zeker niet bevorderlijk. Ook competitie of wantrouwen tussen collega's wordt het best zo veel mogelijk vermeden. Hoe kan het dan wel? Zet in op open communicatie en moedig experimenteren aan, bijvoorbeeld door het zelf ook te doen. Scholen die stilstaan bij hun eigen beleid en steeds op zoek zijn naar verbeteringen, leren met verandering om te gaan en ook leerkrachten durven er steeds vaker te experimenteren. Het is normaal dat leerkrachten daarbij soms de mist in gaan. Als dat het geval is, feliciteer hen dan met hun poging, vertel hen dat je zelf soms ook foute beslissingen moet rechttrekken en ondersteun hen in hun zoektocht naar een betere lespraktijk. Ook de relaties binnen het schoolteam zijn uiterst belangrijk, omdat leerkrachten veel van elkaar kunnen leren. Als leerkrachten zich goed voelen in een team zullen ze sneller hun onzekerheden delen met elkaar en samenwerken om tot een oplossing te komen. Moedig leerkrachten aan bij elkaar op bezoek te gaan in de klas, zodat ze ook eens verder kunnen kijken dan wat er zich tussen de vier muren van hun eigen klas afspeelt. Door je eigen kwetsbaarheid te tonen, nodig je anderen uit dat ook te doen, waardoor er ruimte ontstaat om samen te gaan innoveren.

Ook beleidsmakers kunnen mogelijkheden creëren zodat elke school meer uit innovatieprojecten zoals Validiv kan halen. Zij zouden scholen kunnen aanmoedigen om leerkrachten een aantal lesuren per week vrij te roosteren. Op die momenten kunnen scholen dan de samenwerking tussen collega's versterken. Deze uren zouden gebruikt kunnen worden om leerkrachten meer te betrekken in het proces van visievorming op school. Hierdoor voelen leerkrachten zich meer betrokken bij het schoolbeleid en kunnen ze innovatieprocessen mee vormgeven. Er kan bijvoorbeeld ook een 'kijkuurtje' worden ingevoerd op scholen, waarbij leerkrachten de kans krijgen in de klas van een collega binnen te kijken. Op korte termijn zou dat een investering kunnen betekenen, maar investeringen in onderwijs zijn steeds investeringen in de toekomst en betalen zich op lange termijn met winst voor de samenleving terug.

REFERENTIES

Byrnes, D. A., Kiger, G., & Manning, M. L. (1997). Teachers' attitudes about language diversity. *Teaching and Teacher Education*, 13(6), 637-644.

Coleman, J. (2010). *A case study of the responses of two mainstream primary teachers in a non-metropolitan area to the refugee English Language Learners in their classes: Australian Catholic University.*

Gogolin, I. (2002). Linguistic and Cultural Diversity in Europe: a challenge for educational research and practice. *European Educational Research Journal*, 1(1), 123-138.

Pohan, C. A., Ward, M., Kouzekanani, K., & Boatright, C. (2009). The Impact of Field Placement Sites on Preservice Teachers' Beliefs About Teaching Diverse Students. *School-University Partnerships*, 3(1), 43-53.

Sierens, S., & Van Avermaet, P. (2014). Language diversity in education: evolving from multilingual education to functional multilingual learning. In D. Little, C. Leung & P. Van Avermaet (Eds.), *Managing diversity in education. Bristol: Multilingual matters.* (Reprinted from: NOT IN FILE).

Youngs, C. S., & Youngs, G. A. (2001). Predictors of Mainstream Teachers' Attitudes Toward ESL Students. *Tesol Quarterly*, 35(1), 91-120.

Hoofdstuk 9

Taalbeleid of talenbeleid?

De plaats van meertaligheid op school

Lies Strobbe

9.1   INLEIDING

> I: "Ik vind dat knap, kinderen die twee of meer talen kunnen. Ik vind dat een meer-
> waarde. Als we daar aandacht voor hebben, verhoogt de betrokkenheid onmiddel-
> lijk."
> E: "Wat bij mij opkwam, was ook die andere thuistaal. Dat is toch wel een hele vari-
> atie hier op school. Ge hebt Turks, Marokkaans, Italiaans, kan alles zijn, Duits, alles.
> Ik vind dat, naar onze school toe, een uitdaging: hoe gaan we om met die taal of
> die talen die de kinderen kennen of kunnen? Hoe gaan we die talen gebruiken op
> school? Wat kunnen we daarmee? Wat kunnen we daar niet mee?"
>
> Zorgcoördinatoren School 2

Het bovenstaande gesprek tussen twee zorgcoördinatoren van een Limburgse school weerspiegelt goed wat er leeft bij leerkrachten, directieleden en zorgcoördinatoren als het onderwerp 'meertaligheid' wordt aangesneden. Meertaligheid wordt soms gezien als een meerwaarde voor de leerlingen en voor de school. Maar de aanwezige variatie in talen zorgt zeker ook voor een extra uitdaging die het personeelsteam aanzet tot nadenken over mogelijke opportuniteiten en beperkingen van meertaligheid op school.

De meeste scholen zien meertaligheid als een uitdaging van het huidige talenbeleid. Dat geldt zowel voor scholen waar meertaligheid een nieuw thema is door een veranderende leerlingeninstroom als voor scholen die al sinds jaar en dag verschillende talen binnen hun schoolmuren en aan de schoolpoort horen weerklinken. De uitdaging lijkt voor vele schoolteams ook groot. Dat blijkt uit de negatieve associaties die vaak opduiken als schoolteams over meertaligheid spreken. De negatieve associaties zijn talrijker, diverser en concreter dan de positieve associaties, die veelal vaag zijn, zoals: *"En de voordelen van meertaligheid dus hé: taal verwerven"* (directeur, School 6) of *"Meer kansen dan ooit met uw meertaligheid in uw leven"* (directeur, School 7). Zo roept het woord 'meertaligheid' de woorden taalarmoede, taalachterstand en lage taalvaardigheid Nederlands op. Naast taalproblemen worden verbanden gelegd met maatschappelijke problemen zoals kansarme gezinnen en gesegregeerde buurten. In al deze associaties rond meertaligheid gaat het niet enkel over de talen die de leerlingen thuis spreken, maar ook steeds over de vaardigheden in het Nederlands en de plaats die het Nederlands inneemt in de thuissituatie van een leerling. De aanwezigheid van meerdere talen op school wordt als een extra belasting ervaren: *"We zien dus ook wel dat de kinderen moeilijker taal verwerven en dat is dus eigenlijk ook een grotere belasting voor de leerkrachten"* (directeur, School 6). Leerkrachten in scholen met veel meertalige kinderen geven aan dat zij het lastig vinden om dezelfde eindtermen te halen als 'witte scholen' of scholen waar de meeste leerlingen voornamelijk Nederlands spreken thuis en geen migratieachtergrond hebben. Ook worden deze leerkrachten vaker geconfronteerd met communicatieproblemen tussen de school en de leerlingen of de school en de ouders. Los van dergelijke problemen vinden leerkrachten het een serieuze uitdaging om alle ouders te betrekken bij de schoolwerking.

Ongeacht de manier waarop schoolteams naar meertaligheid kijken, speelt de aanwezigheid van verschillende talen een belangrijke rol binnen onderwijs. Voor een aantal scholen vormt de aanwezige (talige) diversiteit een definiërend kenmerk van de school. Dat blijkt uit uitspraken zoals: *"In een allochtone school zoals de onze…"* (School 8), *"Wij zijn een gekleurde school"* (School 3) en *"Wij zijn een Nederlandstalige Turkenschool"* (School 9). Er wordt gesproken over meertaligheid als: *"De eigenheid van onze school [...] Dus, dat is wel als je over [School 7] praat dan is dat één van hun ankerpunten gewoonweg"* (School 7). De aanwezige meertaligheid op school zet schoolteams ook aan om te zoeken naar goede manieren om met talige diversiteit om te gaan. De directeur van School 7 spreekt, bijvoorbeeld, over het zoeken naar vernieuwingen om van meertaligheid kansen te maken en geen valkuilen voor de schoolcarrière van kinderen. Ook andere scholen nemen deel aan eenzelfde zoektocht, uitgaande van de bevinding dat meertalige leerlingen doorgaans slechter presteren dan andere leerlingen.

De doelstellingen die scholen voor ogen hebben, waaronder betere resultaten bereiken, valkuilen omvormen tot kansen en alle curriculumdoelstellingen halen voor alle leerlingen, blijken moeilijk te realiseren. Onderzoek in onze Vlaamse scholen toont een vrij grote kloof tussen moedertaal- en niet-moedertaalsprekers van het Nederlands in leerprestaties en in het behalen van eindtermen (Van Landeghem et al., 2013). Eén van de mogelijke middelen die scholen kunnen inzetten om de kloof tussen hun leerlingen te dichten is een daadkrachtig taalbeleid. Taalbeleid is een "structurele en strategische poging van een schoolteam om de onderwijspraktijk aan te passen aan de taalleerbehoeften van de leerlingen met het oog op het bevorderen van hun algehele ontwikkeling en het verbeteren van hun onderwijsresultaten" (Van den Branden, 2010, p. 11). Scholen die deelnamen aan het Validiv-project voelden deze nood aan een goed uitgewerkt taalbeleid. Alle negen Limburgse scholen uit dit deelonderzoek deden een beroep op externen, zoals pedagogische begeleiders, CLB-medewerkers of navormers van het Centrum voor Taal en Onderwijs om hun taalbeleid verder vorm te geven. Om dit proces te ondersteunen, stelde de helft van de scholen één van hun leerkrachten aan als taalcoach. Een goed uitgewerkt taalbeleid en het verbeteren van resultaten bij leerlingen stonden duidelijk hoog op de prioriteitenlijst van deze scholen.

Aangezien men er vaak van uitgaat dat de prestatiekloof tussen leerlingen deels talig bepaald is, is het relevant om te kijken welke plaats meertaligheid doorgaans krijgt op school. In dit hoofdstuk wordt daarom op de volgende vragen ingegaan:
— Welke plaats krijgt meertaligheid in het taalbeleid van scholen?
— Waarom krijgt meertaligheid die plaats?
— Heeft meertaligheid een andere plaats ingenomen in het talenbeleid van scholen door het Validiv-project?

De eerste twee vragen waarop dit hoofdstuk een antwoord wil bieden, gaan in op de situatie in negen Limburgse scholen bij aanvang van het Validiv-project. Hierbij willen we de leerkrachten, zorgcoördinatoren en directeurs uit onze Limburgse scholen een stem geven in het onderzoek en ook hun bezorgdheden over meertaligheid in kaart brengen. Dit hoofdstuk heeft tot doel te beschrijven wat leeft op school en in de hoofden van schoolteams. De derde vraag gaat kort in op de impact van Validiv op het taalbeleid van de scholen.

9.2 WELKE PLAATS KRIJGT MEERTALIGHEID IN HET TAALBELEID VAN SCHOLEN?

O: *"En hoe zit het op dit moment? Het GOK [Gelijke Onderwijs Kansen]- of taalbeleid heeft al een bepaalde component rond meertaligheid? Of...?"*
L: *"Rond talen."*
M: *"Het is eigenlijk rond taalbeleid."*
L: *"Taal is voor ons Nederlands, eigenlijk."*
M: *"Maar alles wat, al die acties die we doen rond taalbeleid is eigenlijk om meertaligheid – in ons geval anderstaligheid – om taal te bereiken, ja. Dat is eigenlijk altijd de doelstelling hé."*

Gesprek tussen onderzoeker en directie, School 7

Het bovenstaande gesprek tussen de onderzoeker (O) en de directeurs van School 7 (L en M) illustreert goed de nadruk die alle Limburgse onderzoeksscholen in hun taalbeleid leggen op het bereiken van een hoge taalvaardigheid Nederlands. Ook krijgen we een indicatie van de plaats die meertaligheid krijgt bij het bereiken van die doelstelling: meertaligheid krijgt een steeds nauwere invulling, van 'meertaligheid', over 'talen', 'taalbeleid', 'taal' en ten slotte 'Nederlands'. In wat volgt, geven we vanuit de resultaten van onze data-analyse toelichting bij de ultieme doelstelling van het taalbeleid op de onderzoeksscholen. Daarna focussen we op de veelal formele plaats en beperkt functionele plaats die op school aan meertaligheid wordt toegekend.

9.2.1   ULTIEME DOELSTELLING: HOGE TAALVAARDIGHEID NEDERLANDS

In alle onderzoeksscholen ligt de ultieme doelstelling van het taalbeleid in het bereiken van een zo groot mogelijke taalvaardigheid Nederlands bij de leerlingen. Daarbij beschouwen leerkrachten die hoge taalvaardigheid Nederlands zowel als een doel op zich als een middel om tot betere resultaten te komen op andere leergebieden, zoals wereldoriëntatie of wiskunde. De manier waarop scholen die ultieme doelstelling trachten te realiseren, is afhankelijk van de pedagogisch-didactische visie van de school. Zo zet de ene school erg in op het aanbrengen van woordenschatlijsten, opteert de andere school voor een taakgerichte aanpak, en volgt een derde school de principes van het freinetonderwijs. Ook de talenrijkdom van de kinderen zou een plaats kunnen krijgen en benut kunnen worden in de aanpak die de scholen volgen om de Nederlandse taalvaardigheden van leerlingen te versterken. Een analyse van de taalbeleidsdocumenten, schoolvisies en schoolreglementen van de betrokken scholen in dit onderzoek toont echter aan dat meertaligheid eerder als een struikelblok en niet als één van de middelen wordt gezien om het Nederlands van leerlingen te verbeteren. Dat blijkt uit de veelal puur formele plaats die aan meertaligheid wordt toegekend.

9.2.2   PUUR FORMELE PLAATS VOOR MEERTALIGHEID

De plaats die gegeven wordt aan meertaligheid binnen het taalbeleid van de scholen lijkt zeer beperkt of zelfs onbestaande te zijn. De thuistalen van kinderen worden in alle Limburgse Validiv-scholen formeel verboden: schooldocumenten geven expliciet weer dat het Nederlands de enige taal is die op school mag worden gebruikt. In de *Leefregels voor Kinderen* van School 4, bijvoorbeeld, staat onder de rubriek 'Taal' als eerste punt: 'Op school spreek ik altijd Algemeen Nederlands.' De 'enkel-Nederlands'-regel gaat gepaard met regels rond beleefdheid, zoals gepaste aanspreekvormen voor leerkrachten, het gebruik van 'dank je wel' en 'alstublieft' en gedragsnormen zoals: 'Ik gedraag mij rustig en beleefd.' Het belang van de 'enkel-Nederlands'-regel wordt benadrukt door de eerste plaats die hij inneemt in de taalrubriek. De context waarin deze regel voorkomt, namelijk tussen beleefdheids- en gedragsregels, maakt duidelijk dat het exclusieve gebruik van het Nederlands wordt gezien als een vorm van beleefdheid. Dat impliceert ook dat het gebruik van andere talen op school ongepast en onbeleefd is. Leerlingen mogen bijgevolg op school geen beroep doen op de thuistalen die ze beheersen. De 'enkel-Nederlands'-regel staat niet enkel op papier, hij leeft ook in de hoofden van leerkrachten. Tijdens Validiv-intakegesprekken en interviews keren uitspraken zoals de volgende regelmatig terug: *"Ja, wij hebben de regel dat wij op school Standaardnederlands gebruiken en niets anders"* (taalcoach, School 6), *"Ik moet zeggen dat ik toch ook zeg 'Geen Turks'"* (leerkracht, School 8) of *"Dat is al zo lang als de school bestaat, van de eerste dag. Als oud mijngemeente is dat gegroeid zo, we hebben altijd van in 't begin al de afspraak, al dertig jaar van: Hier spreekt men Nederlands, altijd. En dat wordt ook zo gecommuniceerd"* (directeur, School 4).

Naast het enkel-Nederlands beleid dat in de onderzochte Limburgse scholen naar voren komt, is het ook opvallend dat de meertaligheid van veel kinderen gewoonweg onzichtbaar is. Scholen gaan dikwijls voorbij aan het feit dat veel van hun leerlingen meer dan één taal beheersen. Zo stelt de taalcoach van School 9 zich vragen over de haalbaarheid van een project rond meertaligheid, aangezien hun leerlingen alleen maar Turks kennen. De directeur van School 7 spreekt over leerlingen die anderstalig en niet meertalig zijn. In deze twee voorbeelden vergeten de taalcoach en de directeur dat de meeste van hun leerlingen wel al jaren functioneren in een school waar Nederlands de voertaal is. Deze leerlingen zijn dus op zijn minst tweetalig. In andere scholen lijkt de beheersing van de thuistaal te worden genegeerd. Zo stelt de directeur van School 3, een school waar 100% van de leerlingen uit het vierde leerjaar aangeeft dat ze thuis niet enkel Nederlands spreken: *"Want meertaligheid, behalve vijf en zes [het vijfde en het zesde leerjaar] is het hier alleen maar Nederlands hé"*. Dit citaat illustreert bovendien dat het Frans uit het curriculum van de leerlingen in het vijfde en zesde leerjaar wel valt onder de noemer 'meertaligheid binnen het taalbeleid van de school'. Ook andere scholen spreken over hun taleninitiatie of taallessen Frans, projectwerk met workshops Engels, Duits en Chinees als voorbeelden van meertaligheid die een plaats krijgt op school. Het aanbod van meertaligheid komt in deze voorbeelden van de leerkrachten zelf, niet van de kinderen. Prestigetalen zoals Frans en Engels krijgen op die manier ruimte op school, terwijl de thuistalen van de leerlingen opvallend afwezig blijven. Wanneer de zorgcoördinatoren van School 2 gevraagd wordt naar de plaats van meertaligheid op hun school, klinkt het antwoord:

> I: "Nu op school? Geen."
> G: "Weinig."
> M: "Ja, da 's juist al een beetje aangehaald. Frans en Engels, da 's belangrijk, maar..."

Het 'enkel-Nederlands'-beleid en de onzichtbaarheid van de meertalige competenties van vele leerlingen wijzen in de richting van een puur *formele* plaats van meertaligheid op school: er zijn regels, reglementen en afspraken over welke taal er mag gebruikt worden op de speelplaats, op de schoolbus, in de refter, in de klas en aan de schoolpoort. Daarbij lijkt het 'enkel-Nederlands'-beleid een evidentie: een beleid dat decennialang nauwelijks in vraag gesteld wordt. Toch zijn er leerkrachten die het 'enkel-Nederlands'-beleid minder strikt aanhouden en een beperkt functionele plaats voor meertaligheid voorzien: zij gaan verder dan het al dan niet toelaten van meertaligheid (puur formele plaats) en geven meertaligheid een bepaalde functie in de klas.

9.2.3 BEPERKT FUNCTIONELE PLAATS VOOR MEERTALIGHEID

Leerkrachten die binnen het 'enkel-Nederlands'-beleid toch een beperkt functionele plaats toekennen aan meertaligheid vertrekken vanuit het idee dat het talige kapitaal van leerlingen een rol kan spelen in hun ontwikkelingsproces. Daarbij kennen leerkrachten een functie toe aan de meertaligheid van hun leerlingen: ze zetten de talen van de kinderen in om bepaalde doelen in hun ontwikkeling te bereiken. Leerkrachten hebben hierbij verschillende doelstellingen voor ogen. Ze willen het welbevinden verhogen (voorbeelden 1 en 2), het leerproces versnellen (voorbeeld 3), taalattitudes ontwikkelen (voorbeeld 4) en ontspanning bevorderen (voorbeeld 5).

> *"Dat niet, maar als ik nu aan dat... aan die Mario of Marco denk dan, dat Italiaantje. We hebben collega's die Italiaans praten en die hebben dan met hem Italiaans gepraat om hem op z'n gemak te stellen en..."*
> Voorbeeld 1, directeur, School 7
>
> *"Maar dan tijdens vrij spel en beleving of zo hen ook de kans te geven om als ze het in het Nederlands niet kunnen onder elkaar wel in een andere taal hun beleving of hun spel te laten doen in hun taal. Dat we zoiets hadden van: Op dat moment is het belangrijk dat kinderen toch wel meedoen aan de activiteit en uiteindelijk pikken ze altijd toch wel taal op, ook al is het van andere kindjes."*
> Voorbeeld 2, zorgcoördinator kleuters, School 6
>
> *"In een eerste hebt ge wel dikwijls toch ondersteuning nodig, van een thuistaal, om het kunnen uit te leggen."*
> Voorbeeld 3, leerkracht, School 9
>
> *"Kennismaken met andere talen via liedjes, versjes wordt ook wel eens... hé in het Frans of in het Chinees, in het Arabisch of zoiets. [lacht] En respect voor andere talen, dat je die andere thuistalen ook moet respecteren."*
> Voorbeeld 4, zorgcoördinator kleuters, School 6
>
> *"Omdat we het belangrijk vinden dat kleuters zich tijdens de speeltijd kunnen ontspannen, tolereren we tijdens het spel het gebruik van de thuistaal."*
> Voorbeeld 5, directeur, School 6

Toch blijft de functionele plaats voor meertaligheid in verschillende opzichten zeer beperkt omwille van vier redenen. Ten eerste sluiten *niet alle leerkrachten van een schoolteam* zich aan bij deze functionele visie op meertaligheid. Vele leerkrachten houden vast aan het strikt 'enkel-Nederlands'-beleid, omdat ze ervan uitgaan dat dit beleid de beste manier is om hun leerlingen verder te helpen. Ook ideologische redenen kunnen achter deze keuze voor een 'enkel-Nederlands'-beleid liggen. Zo wijt de directeur van School 2 verschillen in de manieren waarop leerkrachten al dan niet meertaligheid in hun lespraktijk inzetten aan verschillende maatschappijvisies: *"Maar we zijn hier met 38 leerkrachten en ik denk dat ge alle maatschappijvisies, die vindt ge hier in onze school ook terug he. Ge hebt mensen die, die heel conservatief denken van zo moet het."* Ten tweede zijn momenten waarop leerlingen hun thuistalen mogen inzetten vaak beperkt in de *tijd*. Als leerlingen de les niet kunnen volgen omdat ze de uitleg in het Nederlands niet volledig begrijpen, dan mag een klasgenootje snel even vertalen om daarna meteen terug over te schakelen naar het Nederlands. Op deze manier wordt de thuistaal van de leerlingen enkel op een remediërende manier ingezet. Het gebruik van thuistalen is, ten derde, beperkt qua *locatie*: in de zandbak of in de poppenhoek mogen de kinderen soms andere talen dan het Nederlands gebruiken, maar daarbuiten niet. Ten slotte blijkt dat de functionele visie op meertaligheid in alle scholen beperkt blijft tot bepaalde doelgroepen: anderstalige nieuwkomers, (jongste) kleuters en leerlingen met leermoeilijkheden krijgen af en toe de kans om hun meertalige repertoire te gebruiken, andere groepen van leerlingen krijgen die kans niet.

Verder is het opvallend dat pogingen om meertaligheid een plaats te geven op school vaak beperkt zijn tot activiteiten die expliciet tot doel hebben om meertaligheid te integreren op school, maar eigenlijk voorbijgaan aan het talige aspect of er heel weinig mee doen. Zo halen leerkrachten voorbeelden van activiteiten aan waarbij leerlingen 'multicultureel eten klaarmaken' (School 8) of spreekbeurten geven over hun land van herkomst (School 1). In deze voorbeelden kunnen we echter niet spreken over een volwaardige integratie van meertaligheid op school: de plaats van meertaligheid blijft in de marge.

9.3   MOTIVATIES VOOR TAALBELEID

R: *"Ja, maar hier wordt toch wel gezegd van: We stimuleren veel het Nederlands, maar dan ook met de juiste, met de goeie bedoelingen natuurlijk."*

Taalcoach, School 5

Het antwoord op de vraag 'Welke motivaties liggen er aan de grondslag van het taalbeleid?' is simpel: meertaligheid krijgt een grote formele rol en een beperkte functionele rol op school vanuit een bezorgdheid van leerkrachten voor hun leerlingen. Leerkrachten willen hun leerlingen zo snel en zo goed mogelijk Nederlands leren om hun kansen te vergroten om tot leren te komen en om goed te kunnen functioneren in onze samenleving. Tijdens het analyseren van de interviews en overlegmomenten met leerkrachten, zorgcoördinatoren en directeurs kwamen er een aantal terugkerende argumenten naar boven die de plaats die meertaligheid inneemt in het talenbeleid van een school verder onderbouwen. Deze argumenten verwijzen naar de beschikbare tijd die men heeft, de mogelijkheden voor leerlingen om zich te kunnen integreren in de samenleving, de controle die de leerkracht wil bewaren over de klas, de vrees voor kliekjesvorming en sociale uitsluiting en de vaardigheden in de thuistaal. We bespreken deze argumenten uitgebreider in de volgende alinea's.

9.3.1 TIJDSARGUMENT

> *"Ja, als je het nu gaat toelaten, dan gaat het dadelijk toch de bovenhand nemen en dan gaan ze toch meer en meer in het Turks of in een andere taal tegen elkaar praten en dan gaat dat Nederlands nog meer naar achter geduwd worden en dan, daar gaat weer een grotere achterstand opgebouwd worden."*
>
> SES-leerkracht, School 6

Elke seconde telt. Om Nederlands te leren en om te leren via het Nederlands moeten leerlingen een zo groot mogelijke input krijgen aan Nederlands. Aangezien men ervan uitgaat dat leerlingen thuis vaak geen mogelijkheden hebben om Nederlands te spreken en te horen, lijkt de school de enige omgeving waar leerlingen Nederlands kunnen aanleren en oefenen. De school wordt dus gezien als de ideale omgeving om extra aandacht te besteden aan het Nederlands. Die Nederlandstalige input op school verkleint wanneer er ook aandacht gaat naar andere talen. Leerkrachten proberen hun leerlingen dus zo veel mogelijk de kans te geven om Nederlands te gebruiken, waardoor elke seconde dat er in een andere taal gesproken wordt, een 'verspilde' seconde is. In deze visie zetten scholen kinderen aan om niet alleen in de klas, maar ook op de speelplaats Nederlands te spreken zodat ze op een speelse, informele manier Nederlands kunnen leren.

Dit tijdsargument hangt samen met een bepaalde visie op taalverwerving waarbij men ervan uitgaat dat aandacht en tijd voor andere talen een belemmering vormen voor de verwerving van een nieuwe taal. Leerkrachten en directie vertrekken hierbij vanuit het idee dat plaatsmaken voor een bepaalde taal de andere taal naar de achtergrond duwt waardoor deze taalontwikkelingsachterstand oploopt. In deze visie kan een andere taal geen deel uitmaken van het reservoir aan leermiddelen om tot een goede taalbeheersing van het Nederlands te komen.

9.3.2   INTEGRATIEARGUMENT

Als men verwijst naar het tijdsargument, dan gaat dit vaak hand in hand met het integratieargument. Schoolactoren en beleidsmakers benadrukken vaak dat leerlingen het best Nederlands spreken, en geen andere taal, omdat ze zich op deze manier beter kunnen integreren in de samenleving. Dit argument wordt zowel gebruikt vanuit het standpunt van de persoon die moet integreren als vanuit het perspectief van de dominante samenleving. Als men vertrekt vanuit het perspectief van de leerling, dan benadrukt men het emancipatorisch aspect van het aanleren van het Nederlands en het belang van het 'enkel-Nederlands' beleid. De integratie slaat dan voornamelijk op het feit dat leerlingen het best voldoende onderlegd zijn in het Nederlands: dat verhoogt hun slaagkansen op school, biedt meer perspectieven op het vinden van een goede job en helpt om contact te hebben met alle leden van de samenleving. Net zoals bij het tijdsargument gaat men er hierbij van uit dat aandacht besteden aan een andere taal dan Nederlands, het aanleren en het verwerven van vaardigheden in het Nederlands – en dus de integratie in de Vlaamse maatschappij – in de weg staat. Dat is een visie die ook vaak door ouders, zowel Nederlandstalige, meertalige als anderstalige, gehanteerd wordt: sommige ouders staan er bij de inschrijvingen van hun kind op dat de school een strikt 'enkel-Nederlands'-beleid voert, zodat kun kinderen zo veel mogelijk kansen krijgen om goed mee te draaien in onze maatschappij.

Een ander perspectief gaat veeleer uit van de maatschappij die de integrerende persoon zal opnemen. Deze visie benadrukt het belang van de meerderheid in de samenleving. In deze tweede visie benadrukt men dat Vlaanderen Nederlandstalig is en dat er Nederlands moet gesproken worden in de Vlaamse scholen. Leerlingen die voor deze scholen en voor een leven in Vlaanderen kiezen, moeten bijgevolg akkoord gaan met en zich aanpassen aan een 'enkel-Nederlands'-beleid. Het onderstaande gesprek tussen een leerkracht en de onderzoeker illustreert deze tweede visie van het integratieargument.

> C.: "We zijn een Vlaamse school. Als ik hier een kind moest hebben en die komt thuis en die zegt: er hangen Turkse, Italiaanse, Marokkaanse, Spaanse woorden op, dan kom ik op de school dadelijk uitleg vragen. Ik stuur mijn kind naar een school waar Nederlands geleerd wordt, dan moeten van mij daar geen Turkse, geen Marokkaanse, Italiaanse woorden hangen."
> O.: "Ook niet als het de kinderen kan helpen om te leren?"
> C.: "Mijn kind helpt dat niet."
> O.: "Maar andere kinderen misschien wel?"
> C.: "Ik heb gekozen voor een Nederlandstalige school."

Uit dit interviewfragment blijkt dat de identiteit van de school voor deze leerkracht sterk samenhangt met het taalgebruik van leerkrachten en leerlingen. Een Vlaamse school mag enkel Nederlands toelaten. Turkse, Italiaanse, Marokkaanse, Spaanse woorden worden niet getolereerd, zelfs niet als dit efficiënte leermiddelen zouden zijn voor meertalige leerlingen.

9.3.3 CONTROLEARGUMENT

Taal is een van de belangrijkste werkinstrumenten van leerkrachten. Zonder het gebruik van taal kunnen leerkrachten geen les geven en kunnen leerlingen geen nieuwe kennis opdoen en vaardigheden verwerven. Leerkrachten willen controle uitoefenen over het leerproces van leerlingen en over het klasmanagement. Daarbij zien ze het begrijpen van de taal die hun leerlingen gebruiken als noodzakelijke voorwaarde. Bij veel leerkrachten leidt deze visie bijgevolg tot een 'enkel-Nederlands'-beleid in hun klas of tot het tolereren van de talen die ze zelf beheersen, zoals het Frans, Engels of Duits. Dit controleargument wordt ook vaak samen aangehaald met de opmerking dat de kinderen op school een te grote variatie aan talen spreken om er iets mee te doen op school: leerkrachten kunnen zelf toch niet *alle* talen beheersen?

Niet alleen in de klas, maar ook op de speelplaats lijkt het controleargument een rol te spelen: leerkrachten willen vat hebben op wat leerlingen tegen elkaar zeggen. Zeker bij ruzies tussen leerlingen willen ze begrijpen wat er gezegd wordt. Leerkrachten willen via een 'enkel-Nederlands'-beleid, bijvoorbeeld, vermijden dat leerlingen buiten hun weten scheldwoorden gebruiken, zoals blijkt uit het onderstaande gesprek tussen de directeur en een leerkracht van School 8.

> L.: "Want euh, ge hebt dan ook kinderen die bijvoorbeeld euh, ni flink of die ni braaf, en die zeggen, die zeiden dan een vies woord in het Turks. Wij verstaan die taal niet he. Da was op een bepaald ook da wij ons, allez ja, da wij geen, da 's moeilijk, nu nog. Ik vond het vervelend als ze begonnen Turks te babbelen in de klas."
>
> T.: "Ge weet dus niet wat ze zeggen he, ze kunnen u evengoed zitten uit te maken tegen andere kinderen."

Dit gesprek toont ook aan dat leerkrachten schrik hebben om zelf uitgemaakt te worden door leerlingen in een taal die ze niet begrijpen. Binnen het controleargument speelt ook de volgende visie: een 'enkel-Nederlands, geen thuistaal'-regel is een zeer duidelijke afbakening die gemakkelijk te implementeren en te controleren valt. Als thuistalen echter wel toegelaten zouden worden, dan is een afbakening veel moeilijker te maken: waar moeten leerkrachten de grens trekken zodat leerlingen niet te pas en te onpas hun thuistaal zouden gebruiken?

9.3.4   KLIEKJESVORMING EN UITSLUITING

Een vierde argument dat vaak wordt aangehaald om meertaligheid te beperken op school, is de vrees dat bepaalde leerlingen uitgesloten zullen worden omdat ze een bepaalde taal niet beheersen. Als iedereen op school Nederlands spreekt, dan kunnen er geen kliekjes gevormd worden op basis van taal en worden er geen kinderen omwille van hun taal uitgesloten. Hoewel groepjes Turkstalige kinderen wel op empathie kunnen rekenen bij veel leerkrachten ("Wij spreken onderling toch ook ons eigen dialect?"), wordt het spreken van Turks op de speelplaats toch als onbeleefd gepercipieerd. Het welbevinden van de Nederlandstalige kinderen speelt hierbij een grote rol. In hoofdstuk 7 onderzochten we de gevolgen van het benutten van meertaligheid in de klas op kliekjesvorming en uitsluiting.

9.3.5   TE ZWAKKE THUISTAAL

> A.: "Ja, nee, de thuistaal is niet sterk genoeg. [...] En dan denkt ge, we gaan es proberen, ma het Turks is totaal niet beheerst om onze kinderen te laten... En ja, de Berberse talen al helemaal niet, dus euh, Arabisch en zo Marokkaans..."
>
> Leerkracht, School 9

Leerkrachten laten thuistalen niet toe omdat ze ervan uitgaan dat hun leerlingen er niet vaardig genoeg in zijn om ze effectief in te zetten ter ondersteuning van hun leerproces. Opvallend hierbij is dat codewisseling, dat wil zeggen: het overschakelen van de ene taal naar de andere taal, wordt gepercipieerd als een tekortkoming. Als leerlingen iets vertellen in het Arabisch en daar plots het woord *zwempak* in laten vallen, dan grijpen leerkrachten die wissel naar het Nederlands aan om aan te tonen dat hun leerlingen niet zo taalvaardig zijn in hun thuistaal. Bovendien geven leerkrachten aan dat ze thuistalen niet gebruiken in hun lespraktijk, niet alleen omdat de thuistaalvaardigheid van de leerlingen te zwak is, maar ook omdat hun leerlingen voldoende goed het Nederlands beheersen. In die context vormen de thuistalen geen meerwaarde.

9.4   VAN TAALBELEID NAAR TALENBELEID?

Heeft meertaligheid een andere plaats ingenomen in het taalbeleid van scholen naar aanleiding van het Validiv-project? In de negen Limburgse scholen van dit deelonderzoek bracht het Validiv-project reflectie en debat teweeg over de plaats van meertaligheid op school. Daarbij was het 'enkel-Nederlands'-beleid dat al decennialang in voege was en nauwelijks in vraag werd gesteld, geen evidentie meer. In twee scholen leidde het debat rond meertaligheid tot dezelfde situatie als voorheen: deze scholen hielden hun 'enkel-Nederlands'-beleid aan en voorzagen bijgevolg geen nieuwe plaats voor meertaligheid. In de zeven andere Limburgse scholen bracht het Validiv-project niet enkel debat en reflectie teweeg, maar zorgde het project ook voor de implementatie van een aantal meertalige activiteiten, die geïnspireerd waren op de activiteiten uit de Validiv-materialenkoffer. Zo organiseerde School 8 een jeugdboekenweek waarbij leerlingen uit de hogere leerjaren in hun taal naar keuze voorlazen aan de kleutertjes en leerlingen uit de lagere leerjaren. Leerlingen uit School 5 knutselden een meertalige woordenboom rond het thema 'herfst' in elkaar. School 1 organiseerde een tentoonstelling met kunstwerken van de leerlingen waarbij de uitnodigingen en de uitleg bij de kunstwerken in de talen van de kinderen opgesteld waren. In veel scholen kregen bijzondere gebeurtenissen en activiteiten, zoals de gedichtendag, het schoolfeest, de sportdag, de moeder- en vaderdagen of het grootouderfeest, een meertalig tintje.

Het uittesten van meertalige activiteiten, het uitwisselen van ervaringen en het nadenken over de omgang met meertaligheid op school leidden in zeven scholen tot een verruiming van de functionele plaats van meertaligheid op school: vreemde talen en thuistalen van kinderen werden vaker dan voorheen op bepaalde momenten gebruikt om aan talensensibilisering te doen en aan het welbevinden te werken. Positieve reacties van meertalige leerlingen werden opgepikt. Dit gaf bijvoorbeeld een leerkracht van School 8 aan toen ze sprak over het gebruik van Turks in de Validiv-leeromgeving voor wereldoriëntatie: *"Ik had dat op het smartbord uitgelegd en dat was zo. Ik klikte op die wereldbol, dat is in het Turks. Hakan, die begon te stralen van 'Allez jong, dat staat daar in 't Turks op 't bord!'"* De positieve reacties van leerlingen en goede ervaringen van leerkrachten zorgden ervoor dat er, volgens de taalcoach van School 5, *"toch een mentaliteitsverandering aan het gebeuren is"*. De verruiming van de functionele plaats van meertaligheid in zes van onze onderzoeksscholen werd echter niet formeel geïntegreerd in hun documenten. Rond het thema meertaligheid vonden we met andere woorden geen veranderingen terug in taalbeleidsplannen, schoolreglementen of visieteksten. Eén school zorgde wel voor een minimale integratie van meertaligheid in haar taalbeleidsdocument: bij de doelstelling om leerlingen meer spreek- en luisterkansen te bieden voorzag de school het organiseren van spreek- en luisterhoeken die eventueel een meertalige invulling konden krijgen.

Samenvattend kunnen we vanuit onze ervaring met het begeleiden en het onderzoeken van de implementatie van Validiv in Limburg stellen dat er in zeven van de negen Limburgse scholen een grotere openheid ontstond ten opzichte van diverse talen en een grotere functionele ruimte werd gecreëerd voor meertaligheid op school. Maar wat betekent die verandering voor het taalbeleid van de scholen? Laten we even teruggrijpen naar de definitie van taalbeleid als een "structurele en strategische poging van een schoolteam om de onderwijspraktijk aan te passen aan de taalleerbehoeften van de leerlingen met het oog op het bevorderen van hun algehele ontwikkeling en het verbeteren van hun onderwijsresultaten" (Van den Branden, 2010, p. 11).

Wat leerde het Validiv-onderzoek ons over de plaats van meertaligheid binnen deze visie op taalbeleid? De eerste stapstenen om over te gaan van een taalbeleid naar een talenbeleid zijn gelegd: Validiv zorgde voor positievere percepties ten opzichte van meertaligheid, de functionele ruimte voor meertaligheid is vergroot. De manier waarop meertaligheid een stevigere plaats kreeg op de scholen is echter nog niet strategisch en structureel. Veel meertalige activiteiten waren slechts eenmalige gebeurtenissen, of om het met de woorden van de taalcoach van School 5 te zeggen: *"Ik heb alleen afgelijnde activiteiten en verder niks. Niet als visie dat wij gaan zeggen van, dat is hier allemaal welkom. Gewoon afgelijnd een activiteitje."* Om echt van een strategie rond meertaligheid te kunnen spreken, zouden scholen de meertalige activiteiten moeten inpassen in een planmatige aanpak waarbij men nadenkt over de mogelijke meerwaarde en het effectief valoriseren van die meerwaarde van meertaligheid voor de klaspraktijk en voor de leerlingen. Dat gaat veel verder dan meertaligheid op een zeer afgebakende manier op school te integreren. Om van een structureel beleid rond meertaligheid te kunnen spreken, moeten er twee voorwaarden vervuld zijn: (1) meertaligheid moet zowel remediërend (thuistalen inzetten op het moment dat er zich een probleem voordoet) als preventief (thuistalen inzetten om problemen in de toekomst te vermijden) gebruikt worden en (2) de visie en de aanpak rond meertaligheid moeten door een volledig schoolteam gedragen worden. Wat de eerste voorwaarde voor een structureel beleid betreft, zien we dat scholen voor het welbevinden van de kinderen thuistalen zowel remediërend als preventief benutten. Leerlingen mogen, bijvoorbeeld, hun thuistalen inzetten als ze overstuur zijn (remediërend) of ter ontspanning op de speelplaats (preventief). Als het aankomt op het gebruiken van verschillende talen om leerprestaties te bevorderen, dan zien we dat thuistalen vrijwel enkel remediërend worden ingezet: pas als leerlingen iets niet goed begrijpen, mogen ze voor elkaar vertalen. De tweede voorwaarde voor een structureel talenbeleid stelt dat een volledig schoolteam eenzelfde visie op meertaligheid moet hebben. Een schoolteam moet leerlijnen uittekenen vanaf de kleuterschool over de verschillende leerjaren van het basisonderwijs heen, waarbij ook nagedacht wordt over de plaats van meertaligheid binnen die leerlijnen. Op dit moment zijn er in de Limburgse onderzoeksscholen nog veel verschillen tussen individuele leerkrachten in hun omgang met meertaligheid. Ten slotte is het van vitaal belang dat scholen niet overgaan tot de integratie van meertalige activiteiten enkel en alleen omdat externe instanties, zoals het Validiv-team, de inspectie of de leerplannen, dat vragen. Om van een volwaardig talenbeleid te kunnen spreken, moeten schoolteams structureel en strategisch plaats bieden aan meertaligheid met één doel voor ogen, namelijk het bevorderen van de algehele ontwikkeling en het verbeteren van onderwijsresultaten van de leerlingen. Pas dan zullen de stapstenen groot genoeg zijn en dicht genoeg bij elkaar liggen om een comfortabele oversteek van taalbeleid naar een volwaardig talenbeleid te garanderen.

REFERENTIES

Van den Branden, K. (2010). *Handboek taalbeleid basisonderwijs*. Leuven: Acco.

Van Landeghem, G., De Fraine, B., Gielen, S., & Van Damme, J. (2013). *Vroege schoolver-laters in Vlaanderen in 2010. Indeling volgens locatie, opleidingsniveau van de moeder en moedertaal.* Leuven: Steunpunt Studie- en Schoolloopbanen (SSL). Rapport nr. SSL/2013.05/1.2.0.

Hoofdstuk 10

Scholen begeleiden in omgaan met talige diversiteit: zijn er sleutels tot succes?

Vicky Verley

10.1 VOOR WE VAN START GAAN

Als medewerkster van het Validiv-project stond ik in voor het begeleiden van de Gentse scholen. Deze begeleiding had als doel om leef- en leeromgevingen te creëren die openstaan voor talige diversiteit. Ten eerste informeerde ik de scholen over de Validiv-instrumenten (E-Validiv, de Validiv Bagage en de Validiv Schoolbeleidsgids, zie hoofdstuk 2) en de achterliggende ideeën van het Validiv-project. Ten tweede besprak ik met de schoolteams de eerste resultaten van de vragenlijsten die werden afgenomen voor de eigenlijke start van het project. Ten derde besprak ik de uitdagingen die zich aandienden voor de scholen en werd er afhankelijk van de context meer of minder intensieve begeleiding voorzien.

De geluiden van de 21ste eeuw klinken alsmaar meer verscheiden: steeds meer kinderen groeien op in een gezin waar meer dan één taal wordt gesproken en in het dagelijks leven gebruiken we diverse talen en taalvarianten. Elke leerling, iedere ouder en leerkracht beschikt over een talig repertoire en gebruikt dit zowel binnen als buiten de klas- en de schoolmuren. De taalbagage die leerlingen met zich meedragen is zeer gevarieerd. We hebben het dan niet enkel over tweetalige leerlingen of zij die thuis andere talen spreken. Het kan ook gaan om een dialect, een streektaal, een tussentaal, straattaal, jongerentaal, sms-taal, ... Daarnaast horen we de steeds luider klinkende roep om vooral in te zetten op de kennis van het Nederlands. Scholen komen hierdoor in een spreidstand te staan en vragen zich terecht af hoe ze hiermee moeten of kunnen omgaan. Begeleiding in deze zoektocht is noodzakelijk.

In dit hoofdstuk wil ik enerzijds mijn ervaringen delen in het begeleiden van scholen in het positief omgaan met talige diversiteit. Anderzijds wil ik begeleiders van scholen graag enkele (mogelijke) sleutels tot succes meegeven. Mijn verhaal is er één over vallen en opstaan en gaat over doorzetters en durvers. Want positief omgaan met talige diversiteit vraagt een grondhouding die voor velen niet vanzelfsprekend is. Het vraagt om een open, nieuwsgierige en niet-oordelende houding in situaties die soms ongekend zijn. Het begeleiden van de scholen richtte zich dan ook vooral op het werken aan een open en waarderende houding ten aanzien van *alle* talen en taalvarianten en het creëren van een open talenbeleid waar *alle* talen 'thuis' mogen zijn.

10.2   VAN START GAAN

Gedreven en met veel ervaring als leerkracht, vormingswerker, begeleidster en materiaalontwikkelaar trok ik naar de Validiv-projectscholen. Deze scholen hadden zich geëngageerd voor een traject in het positief omgaan met talige diversiteit. Al snel bleek dat uit de startblokken komen voor een aantal ervan niet zo vanzelfsprekend was. De volgende uitspraken passeerden de revue: *"Mijn directie heeft mij hiervan niet op de hoogte gebracht"*, *"Ik dacht dat het project over het leren van het Engels ging"* tot *"Kunnen we hier nog uitstappen?"* en *"Moeten we dat nu écht doen?"* Van de twaalf scholen die van start gingen met het Validiv-project haakten er vier (om uiteenlopende redenen) onderweg af. Hoe dan ook, na de start begint het pas. Een project opstarten is immers makkelijker dan een project laten groeien.

10.2.1   TEGEN DE STROOM IN

Dat scholen omgevingen moeten zijn waar *alle* leerlingen maximale leer- en ontwikkelingskansen krijgen is een gedachte waaraan geen enkele school twijfelde. Dat talige diversiteit deel uitmaakt van die leeromgeving én een verrijking kan zijn, dat was voor velen een nieuw inzicht. Meer nog, leerlingen die thuis een andere taal spraken, hetzij een taalvariant van het algemeen Nederlands, hetzij een niet-Nederlandse taal, werden vaak per definitie gezien als leerlingen met 'taalproblemen' of andere 'tekorten'. *"Zeg nu zelf, zou jij je kinderen naar een school laten gaan in een buurt met veel allochtonen?"*, was één van de eerste uitspraken die me voor de voeten werd gegooid. In eerste instantie was ik verbaasd over deze reactie. In tweede instantie probeerde ik te begrijpen van waaruit deze was ontstaan. Een houding die ik nog vaak zou (moeten) aannemen om de betrokken personen te kunnen engageren voor het Validiv-project en ervoor te zorgen dat ze de Validiv-doelstellingen konden omzetten in de praktijk.

🔑 **Neem een onderzoekende en vragende houding aan.**

> *"Leerkrachten beschouwen de toename aan diversiteit en verschillen in de samenleving en op school vaak als een obstakel tot kwaliteitsvol onderwijs. Dat de vele uitingen van verschil net een verrijking zijn om tot leren en ontwikkeling te komen valt al te vaak buiten beschouwing."* (Sierens & Van Avermaet, 2010)

De meeste leerkrachten, scholen en directies zien meertaligheid als een positief en waardevol gegeven, zolang het gaat over prestigetalen zoals Engels, Frans, Duits, Spaans en Chinees. *"Een project over talen, dat zal wel over Engels en Frans gaan zeker?"* (een directie)

Dat positief omgaan met talige diversiteit ook gaat over het Berbers, Turks, Pools, dialecten en andere talen en taalvarianten heb ik vaak expliciet moeten herhalen. Voor vele leerkrachten was dit een 'eyeopener', voor enkelen een brug te ver. Reacties als: *"Ah, ja dat is waar, die gebruiken natuurlijk die talen"* en *"Dat we daar niet aan gedacht hebben, dat is straf."* Maar ook reacties als: *"Dat zie ik niet zitten"* en *"Wat kan daar nu de meerwaarde van zijn?"* kwamen vaak voor. Het zijn uitingen van de percepties die leerkrachten hebben ten aanzien van talen. Als coach moet je daarmee aan de slag, zodat leerkrachten zelf ook zicht krijgen op wat de onderliggende factoren zijn die hun 'kijk op de zaak' kunnen beïnvloeden. De heersende eentaligheidsideologie is daar één van. Er geldt slechts één taal als norm, namelijk: de standaardtaal Nederlands. Een andere beïnvloedende factor is het taaldeficitdenken. Als er gesproken of geschreven wordt over de meerwaarde van andere talen dan het Nederlands, dan maken velen een sterk onderscheid tussen prestigetalen en minderheidstalen. Het gevolg hiervan is dat in het denken over talen, er met twee maten en gewichten wordt gewogen. Bij minderheidstalen (zoals Berbers, Pools, ...) of taalvarianten (zoals dialecten) spreekt men vaker over een tekort, bij prestigetalen (zoals Engels, Chinees, ...) en taalvarianten (zoals gebarentaal, jargon van de advocaat) over een meerwaarde. Een derde beïnvloedende factor is de samenstelling van de schoolpopulatie en de bijbehorende verwachtingen van leerkrachten. Onderzoek toont aan dat het 'soort' school waarin leraren lesgeven een invloed heeft op de verwachtingen die leraren koesteren ten aanzien van hun leerlingen.

Zorg dat je voldoende zicht hebt op de bepalende factoren die de percepties van leerkrachten beïnvloeden.

Zo stelden onderzoekers (Agirdag et al., 2012) vast dat leerkrachten die werken in scholen met hoge percentages van leerlingen met een migratieachtergrond en leerlingen met een lage socio-economische status, gemiddeld lagere verwachtingen koesteren over de onderwijsmogelijkheden van hun leerlingen. Deze lagere verwachtingen communiceren leerkrachten op een impliciete manier aan de leerlingen, bijvoorbeeld door leerlingen voortdurend aan te sporen om enkel Nederlands te spreken.

Help leerkrachten zicht te krijgen op hun eigen percepties ten aanzien van talen en de gevolgen voor hun didactisch handelen.

Beleidsmakers schuiven bepaalde van deze denkpatronen naar voren en stellen dat sommige talen en taalvarianten geen nut hebben voor schoolsucces en maatschappelijke integratie. Het is dan ook aan de durvers en de doorzetters om dergelijke denkpatronen in vraag te durven en te blijven stellen. Deze durvende doorzetters zijn de leerkrachten, kleuterleidsters, directies, zorgcoördinatoren en schoolbegeleiders waarmee ik heb samengewerkt in het Validiv-project. Zij namen de tijd om te reflecteren over de realiteit van hun school- en klaswerking én toetsten dit af aan dat wat hen het meest motiveert: kwaliteitsvol onderwijs bieden aan *alle* leerlingen. Ook al betekent dit tegen de stroom ingaan.

10.3 EVOLUEREN NAAR GROEI VRAAGT OM EEN MENTALITEITSVERANDERING

"Nederlands is toch de norm, niet?" Deze uitspraak is van een durver. Hij zei luidop wat velen van zijn collega's dachten. Merk echter ook zijn twijfel op. In eerste instantie wou ik vooral tegengas geven, overtuigen en de discussie aangaan. Maar daarmee bereik je zelden een positief effect.

🔑 **Uitstel van oordeel is een gouden regel. Het maakt van een discussie een gesprek.**

Als begeleidster besefte ik dat het erop aankwam om erkenning te geven, want deze leerkracht wou vooral zeggen: *"Ik vind het belangrijk dat onze leerlingen goed Nederlands leren."* Daar was en ben ik het mee eens. Maar het vaardig worden in het Nederlands en het waarderen en stimuleren van thuistalen en/of andere taalvarianten hoeven elkaar niet in de weg te staan. Integendeel, het benutten van de talige repertoires van leerlingen maakt deel uit van kwaliteitsvol leren en kan dus ook een ondersteuning zijn bij het leren van het Nederlands. Bij aanvang van het Validiv-project misten heel wat teams, een stuk kennis en inzicht over de voordelen van meertaligheid (op school en in de klas). Ze redeneerden vanuit hun eigen percepties over talen: *"Meertaligheid is een troef. Ja, als 't gaat over Frans en Engels, maar toch geen Berbers zeker."* Ze handelden vanuit het taalbadmodel: *"Hoe meer Nederlands, hoe beter!"* en zochten houvast in de heersende norm: *"Alleen Nederlands."* Met andere woorden: ze zaten nog 'vast' en begeleiding was nodig om hen in beweging te krijgen.

🔑 **Neem voldoende tijd om de percepties en mythes die leven in een team uit te klaren.**

Zoals al duidelijk werd in hoofdstukken 7 en 8 hebben de begeleiders van het Validiv-project vaak veel tijd en energie geïnvesteerd in scholen die 'vast'-zaten. Dat vertaalt zich natuurlijk minder in verbeteringen in de schoolwerking ten opzichte van scholen die werden begeleid en minder 'vast'-zaten.

10.3.1 GOEDE INTENTIES MAKEN NOG GEEN GOEDE UITKOMSTEN

Teams, leerkrachten en directies reageerden en handelden vooral vanuit goedbedoelde zorg. Het ontbrak hen echter vaak aan twee zaken om het ook 'goed' aan te pakken: kennis en vaardigheden. Hierdoor grepen ze doorgaans terug naar het vertrouwde, het gekende of naar de heersende norm. Het gevolg hiervan was dat scholen thuistalen van leerlingen en ouders zagen als een handicap voor het schoolse leren, of als een stoorzender voor het klas- of schoolhouden. *"Ja, wij verbieden hen om iets anders dan Nederlands te spreken. Als ze het hier niet oefenen, waar dan wel?"* (leerkracht)

Ik stelde meermaals vast dat het gebruik van andere talen dan het Nederlands, en dan vooral de minderheidstalen, ontmoedigd of genegeerd werd. Soms verbood men ze zelfs en werden kinderen bestraft. Nochtans voelden ook heel wat leerkrachten zich niet comfortabel bij deze aanpak. *"Ik voel me niet goed bij de regel op onze school: hier spreekt men alleen Nederlands. Ik stel gewoon vast dat de kinderen die het meest moeten uitgedaagd worden om te spreken, het stilst zijn. Uit angst om iets verkeerds te zeggen."* (kleuterleidster)

10.3.2 HET GEVOEL VAN CONTROLEVERLIES NEEMT VAAK DE BOVENHAND

Talige diversiteit aanwenden in een krachtige leeromgeving zorgt bij leerkrachten vaak voor een gevoel van controleverlies. Leerkrachten zijn ervan overtuigd dat als je thuistalen toelaat in de klas, leerlingen niet meer taakgericht aan het werk zullen gaan. Zoals we zagen in hoofdstuk 3 is deze vrees onterecht. Het is zaak om leerkrachten hierover te bevragen, te achterhalen wat er bij hen leeft en na te gaan of deze beleving ook daadwerkelijk klopt met de realiteit. Als begeleidster ben ik meermaals getuige geweest van heftige en emotionele reacties als het ging over het gebruiken van talige diversiteit. Het raakt gevoelige snaren.

🔑 **Geef ruimte aan (de soms heftige) emoties en stuur aan op feiten en onderbouwde argumenten.**

De uitdaging is om scholen stil te laten staan bij de negatieve gevolgen die kunnen samenhangen met het verbod van de thuistalen van leerlingen op school. Doorgaans zijn leerkrachten zich hier niet van bewust. Hun reactie is veelal een menselijke reactie vanuit zelfbehoud. Met de nodige alertheid, ondersteuning en zorg kun je leerkrachten laten inzien dat een open houding ten aanzien van *alle* talen het welbevinden van leerlingen en ouders verhoogt en wonderen doet voor onderwijsleerkansen. Eenvoudig is deze mentaliteitsverandering niet. Het is een complex en dynamisch proces dat tijd, ondersteuning en professionalisering vraagt.

10.4 IK GA OP REIS EN IK NEEM MEE

Er zijn tal van boeken over geschreven en iedereen die ervaring heeft met het begeleiden van mensen herkent het: een groeiproces heeft geen vaste route. Geen zaligmakende concepten en zeker geen pasklare oplossingen. Dat is niet anders in het begeleiden van scholen in het positief omgaan met talige diversiteit.

Zelf ervaar ik het begeleiden van een groeiproces als een avontuurlijke reis. Het verloop ervan is eerder grillig dan lineair. De kenmerken hiervan zijn: aanzetten, uitproberen, stoppen, reflecteren, weer aanzetten, bijsturen en terugblikken, verder doen en opnieuw beginnen langs een andere weg. Zodat je ervoor zorgt dat iedereen weer mee is, geboeid blijft, vooruit wil en weet waarom ze iets doen. Begeleiders beschikken het best over een ruim arsenaal aan kwaliteiten zoals: een flexibele houding aannemen, deskundigheid inzetten, daadkracht tonen, beschikken over een portie relativeringsvermogen en vooral de overtuiging dat mensen in staat zijn om te groeien. Daarnaast is werken met concrete materialen ook belangrijk. Het zijn interessante middelen om mensen in beweging te krijgen. Wees je er wel van bewust dat je mensen ook aan het werk moet zetten met die materialen, anders zijn ze een maat voor niks.

🔑 **Zet leerkrachten actief aan het werk met concreet materiaal.**

"We hebben al veel materiaal. Misschien moeten we het gewoon ook meer gebruiken. Sommigen van ons weten zelfs niet meer wat er is op school. Eigenlijk vind ik dat wel jammer." (zorgcoördinator)

Zodra je aan het werk gaat met het creëren van leef- en leeromgevingen die openstaan voor talige diversiteit, is op verkenning gaan geen overbodige luxe. Het gaat hier immers om een avontuurlijke reis. Dus is het van belang te weten in welke context je terechtkomt, zodat je de juiste zaken meeneemt voor je op pad gaat. Want de context van de school is bepalend voor wat nodig is aan begeleiding, aan inhoud en aan interventies.

Er bestaan heel wat methodieken om die verkenning aan te gaan. Mijn collega zweert bij een grondige intake[1] waarbij aan de hand van vragen meer informatie verkregen wordt over de school. Hoe grondiger je met een team de intakeprocedure doorloopt, hoe groter het rendement. Ikzelf heb bij het verkennen vaak de methodiek Hands up[2] ingezet.

🔑 **Maak keuzes op maat van de school en houd rekening met je eigen begeleiderstijl.**

---

1. De intake staat beschreven in de online tool www.metrotaal.be.
2. Deze methodiek staat beschreven in de online tool www.metrotaal.be.

Hierbij moeten leden van een team eerst individueel enkele vragen beantwoorden en dan met de antwoorden in groep aan de slag gaan. Deze methodiek is laagdrempelig en biedt snel inzicht in de percepties van een team op het omgaan met talige diversiteit in de klas en de school. Een ander voordeel ervan is dat zowel de struikelblokken als de positieve ervaringen én de leervragen van de deelnemers worden blootgelegd. Begeleiders die inspelen op deze leervragen zorgen vaak voor een sterke insteek bij het ondersteunen van een team. Welke keuze van methodiek je ook maakt, probeer twee zaken steeds voor ogen te houden:

🗝 **Speel in op wat reeds aanwezig is en ga aan de slag met (leer)vragen.**

Eenmaal je een beter zicht hebt op deze twee zaken kun je doelgericht aan de slag gaan. Een stappenplan kan hierbij handig zijn. Het biedt houvast, maar te veel houvast is nefast voor groei. Als begeleider en team heb je een of meerdere doelen voor ogen en de wijze waarop je daar samen naartoe werkt, kan zeer uiteenlopend zijn.

🗝 **Ga flexibel om met wat je neerschrijft (stappenplan, tijdspad, ...).**

Ik heb scholen begeleid die van bij de aanvang duidelijke doelen en bijbehorende acties voor ogen hadden: *"Wij willen de thuistalen van de kinderen integreren in onze taalprojecten. We gaan per project drie activiteiten uitwerken."* Ik heb teams begeleid die geen idee hadden wat ze met dit thema konden aanvangen: *"Wat is hier de meerwaarde van als we geen anderstalige leerlingen hebben?"* Ik heb vragen gekregen als: *"Hoe kunnen we als team vanuit een gedragen en gedeelde visie thuistalen een plaats geven in onze school?"*, alsook: *"Wat moet ik doen met anderstalige leerlingen die niks zeggen?"* of *"Hoe kunnen we vermijden dat die Bulgaarse jongens bij elkaar klitten?"* en *"Allemaal goed en wel, maar moeten wij dan al die talen ook kennen?"* en *"Wat met de ouders?"* Zelfs met een goed doordacht stappenplan kun je niet op alle vragen antwoorden.

🗝 **Houd voor ogen dat er geen pasklare oplossingen bestaan.**

Mensen begeleiden is veel dynamischer dan dat. Om van punt A naar punt B te gaan zijn dialoog, doorzetting en durf nodig. Een dergelijk traject uitstippelen kan je weleens onzeker maken, dat mag. Onthoud dat je deze reis samen, stapsgewijs en doordacht moet ondernemen.

10.5   ONDERWEG NAAR EEN EFFECTIEF EN OPEN TALENBELEID

Er werden reeds enkele sleutels meegegeven. Maar wat maakt een begeleiding nu écht succesvol?

De school binnenstappen met overtuiging en enthousiasme is een pluspunt. Het kan misschien wat bizar klinken maar, wees niet té enthousiast. Het is een typische valkuil van elke gedreven coach. Zoek naar groeipotentieel en stel realistische doelen voorop, op maat van de mensen die je begeleidt. Ik geef een kort voorbeeld.

Na een eerste bijeenkomst met een schoolteam werd duidelijk dat er weinig animo was om daadwerkelijk aan de slag te gaan. Nochtans had de school heel wat sleutels in handen. De schoolpopulatie bestond uit een mix van nationaliteiten, er was een goede samenwerking met de ouders, de school beschikte over een taalwerkgroep, ... Ikzelf was zeer enthousiast en zag tal van mogelijkheden om met de school een traject uit te stippelen. Mijn enthousiasme werd echter ervaren als 'nog meer werk'. Uiteindelijk kon ik bereiken dat er gewerkt werd met E-Validiv (zie hoofdstuk 5) en was er één leerkracht bereid om in haar klas aan het experimenteren te gaan.

🗝 **Aanvaard dat er soms bij aanvang weinig draagvlak is. Ga aan de slag met wie wel gemotiveerd is.**

Het traject met die ene leerkracht was zeer intensief en boeiend en heeft voor veel mooie praktijkvoorbeelden gezorgd. De leerkracht deelde ook geregeld haar ervaringen in het team, in de hoop dat op termijn haar succeservaringen een stimulans konden zijn voor haar collega's.

🗝 **Voorzie regelmatig een terugkoppeling naar het voltallige team.**

Het aanbieden van concrete materialen is vaak ook een meerwaarde. Toch is er meer nodig dan dat. Materialen zijn in de eerste plaats inspiratiebronnen en dienen om mensen te prikkelen. Er is nu eenmaal niet voor elke groep leerlingen, elke school, elke les, elke taal, 'kant-en-klaar' materiaal voorhanden. Leerkrachten moeten materialen aanpassen, inzetten naar hun eigen behoeften en de behoeften van hun leerlingen en ouders. Doorgaans lukt dat met de nodige creativiteit en een brede talige kijk.

🗝 **Materialen zijn inspiratiebronnen. Pas ze dus aan volgens de eigen noden.**

Maar wat maakt dan dat hetzelfde materiaal in de ene school een succes is en in de andere niet aanslaat? Wat zorgt ervoor dat het ene team bereid is om te reflecteren en het andere niet? Wat maakt dat afspraken rond taalattitude in de ene school nageleefd worden en in de andere niet? Het antwoord is simpel: de realiteit van de context.

10.5.1 HET GAAT ALTIJD OM LEREN IN EEN CONTEXT

Een groeiproces gebeurt nu eenmaal in die school, in die buurt en met dat team en die directie en die leerkrachten met die leerlingen en die ouders. Met andere woorden: één van de belangrijkste sleutels in het begeleiden is: inspelen op de context. De context is telkens anders en vraagt dus ook om een aangepaste begeleiding. Om dat te kunnen realiseren moeten begeleiders goed de ogen en oren openhouden, in staat zijn om het eigen oordeel uit te stellen, erkenning te geven, door te vragen, de dynamiek van een team te kunnen lezen, regelmatig gezond boerenverstand te gebruiken en ook wel het lef hebben om van koers te wijzigen wanneer zaken dreigen vast te lopen bij degenen die je begeleidt of bij jezelf. Eenmaal dat lukt, ben je afgestemd met een team, een school of een leerkracht en is er heel veel mogelijk. Daar heb je geen stappenplan voor nodig. Wel een aantal strategieën en bouwstenen die het succes van een groeiproces aanzienlijk kunnen vergroten.

In het vervolg van dit hoofdstuk geef ik graag enkele van deze strategieën en bouwstenen mee. Ik ben me ervan bewust dat deze lijst niet 'af' is. Dat is ook niet het opzet. Het is eerder mijn bedoeling om je een inkijk te geven in wat tijdens het begeleiden van de Gentse projectscholen heeft gespeeld.

10.5.2 KENNIS IS NODIG

Leerkrachten en teams die talendiversiteit willen benutten, stellen zich heel wat vragen. Deze vragen ontstaan vanuit zorg én vanuit onwetendheid. De meeste leerkrachten vinden niet altijd gepaste antwoorden. Vaak door een gebrek aan inzicht in en kennis over talendiversiteit en de meertalige taalontwikkeling. Na een eerste kennismaking met een team kreeg ik meteen een vraag die dit illustreert: *"Wat is de meerwaarde van een moedertaal waarmee je in ons land niks kan?"* Deze uitspraak is eigenlijk een cadeautje voor een coach. Je kunt hier heel concreet een antwoord op geven en je kunt deze uitspraak aangrijpen als vertrekpunt van je begeleiding. De week erop ben ik, met enkele bronnenkaarten[3] voorzien van wetenschappelijk onderbouwde informatie en een interactieve methodiek, met deze groep aan de slag gegaan. Er kwam veel nieuwe informatie op hen af. *"Ik wist echt niet dat het zolang duurt vooraleer kinderen het Nederlands in dagelijkse situaties kunnen gebruiken. Eigenlijk verwachten we veel te snel concrete resultaten."* (zorgcoördinator)

Gaandeweg kreeg het team een beter inzicht in onder andere een meertalige taalontwikkeling en het belang van moedertaal.

🔑 **Bied teams nuttige en wetenschappelijk onderbouwde informatie aan.**

Mede hierdoor stelden ze hun eigen klaswerking in vraag en waren we vertrokken voor een avontuurlijke reis in het ontdekken, waarderen en benutten van talige diversiteit in de klas.

---

3. Deze bronnenkaarten kun je terugvinden in de online tool www.metrotaal.be.

10.5.3 AL DOENDE LEREN WERKT

Alle onderzoeken, theorieën, artikels en waarheden ten spijt, leerkrachten willen vooral zien wat de meerwaarde is in de praktijk. *"Hoe moet ik dat doen?"* is een veelgestelde (en begrijpelijke) vraag. In wezen zijn er twee 'routes':

– Exploreren van talige diversiteit in een krachtige leeromgeving waarin we talige diversiteit waarderen en zichtbaar maken. (talensensibilisering)
– Exploiteren van talige diversiteit in een krachtige leeromgeving waarin we talige diversiteit benutten en stimuleren als hefboom tot leren. (functioneel veeltalig leren)[4]

Tijdens het begeleiden ben ik op verschillende manieren te werk gegaan. Dat kon gaan van het aanreiken van concrete materialen (zoals activiteiten uit de Validiv Bagage en E-Validiv, zie hoofdstukken 2 en 5), het aanbieden van wetenschappelijke informatie in de vorm van vormingsmomenten tot het samen uitwerken van lesactiviteiten, alsook het begeleiden op de klasvloer. Veel hangt af van de vraag ter ondersteuning, de mate waarin men reeds vertrouwd is met het thema en ook niet onbelangrijk, de mate waarin een team zich lerend kan of durft op te stellen. Ik heb meermaals expliciet moeten aangeven dat het belangrijk was om te durven experimenteren, om iets uit te proberen, zonder oordeel, maar wel met een onderzoekende en lerende houding.

🗝 **Stimuleer en ondersteun leerkrachten in het experimenteren.**

In de experimenteerfase werkte ik bij aanvang met korte reflectieverslagen. Ik liet leerkrachten een kort verslag schrijven en gaf bij iedereen die iets uitprobeerde schriftelijk én mondeling, individuele feedback. Een tijdrovende en intensieve aanpak? Jazeker, maar het heeft bij verschillende teams geleid tot 'goesting' krijgen om nog meer uit te proberen én uit te wisselen. Vaak was dat een opstap tot intervisie.

🗝 **Voorzie regelmatig feedback(gesprekken).**

10.5.4 ALLEEN DOEN VOLSTAAT NIET

Er wordt weleens gezegd: 'Leerkrachten zijn doeners.' De realiteit is genuanceerder: leerkrachten willen 'de meerwaarde' vertaald zien in de praktijk. Om hen die meerwaarde te laten zien is handelen en reflecteren nodig. Als coach heb je hierin een belangrijke rol.

🗝 **Ga samen aan de slag en bespreek leer- en groeikansen.**

---

4. Meer informatie over de termen 'exploreren' en 'exploiteren' vind je in de online tool www.metrotaal.be.

Ikzelf zette sterk in op samen leren en experimenteren. Mijn ervaring is dat dit heel erg wordt geapprecieerd en absoluut heeft bijgedragen aan het creëren van een sfeer van wederzijds vertrouwen. Mede daardoor waren verschillende leerkrachten bereid om observatiemomenten en feedbackgesprekken te organiseren. Dat zijn uitermate interessante werkwijzen om leerkrachten tot zelfreflectie te brengen en in te grijpen op hun didactisch handelen. Ik geef een voorbeeld om dit duidelijker te maken.

Naar aanleiding van een verhaal van enkele kinderen toonde een juf in de kring een houten xylofoon. Ze vroeg aan de groep: *"Weet iemand waarom er een lange en een korte lat is?"* De meeste kinderen reageerden niet. Sommige kinderen staken hun vinger op. Yusuf reageerde spontaan met: *"Ti ti, too too."* (Hij bedoelde hiermee de lage en de hoge tonen.) De juf liet één van de andere kinderen die hun vinger opstaken, antwoorden.

Tijdens het feedbackgesprek na de observatie besprak ik met de leerkracht het xylofoonfragment en de uitingen van Yusuf. De leerkracht herkende meteen wat ik aanhaalde en vertelde dat ze dacht dat het voor hem te moeilijk zou zijn om uit te leggen wat hij bedoelde. De leerkracht had dus lage verwachtingen van Yusuf en ging daarom niet in op zijn reactie. Nochtans was dit een mooie kans om in te gaan op de belevingswereld van het kind en vanuit die beleving het kind te betrekken bij het gesprek en eventueel andere kinderen in te schakelen om hem te ondersteunen in het uiten van zijn boodschap. "Wat zou Yusuf bedoelen met 'Ti ti, too too'?"

Het werken met observaties en feedbackgesprekken bood leerkrachten kansen om zicht te krijgen op hun eigen handelen. Deze methode ondersteunt ook het verankeren van nieuwe werkwijzen en inzichten in de klaswerking. Dat laatste stelde ook een leerkracht vast na het afronden van het Validiv-project in zijn school. *"De kleuterleidsters hebben precies meer geleerd en dat kun je ook zien in hun klas. Ik bedoel: in het lager is het binnengekomen in ons hoofd, bij hen in de praktijk."* (leerkracht)

10.5.5 DURVEN LOONT

Reflecteren over eigen handelen vraagt van leerkrachten dat ze zich lerend durven op te stellen. Het is dan ook noodzakelijk dat dit in een veilige, opbouwende en op vertrouwen gebaseerde sfeer kan verlopen. Daar waar scholen en leerkrachten zich lerend konden en durfden op te stellen én de ruimte kregen om te experimenteren bleek achteraf dat ze heel wat sleutels tot succes in handen hadden. Ik raad het alle begeleiders aan: zet sterk in op competentieontwikkeling.

🔑 **Stimuleer een onderzoekende en reflecterende houding.**

In scholen waar observatie en feedbackgesprekken niet haalbaar waren, trok ik vooral de kaart van intervisie. Het gebruik van intervisie komt nog niet vaak voor in het onderwijs. Toch is het een waardevol medium om een team te professionaliseren. In groep nadenken over vraagstukken en knelpunten uit de eigen werksituatie bleek voor de meeste teams minder bedreigend te zijn.

🔑 **Reflecteer op verschillende manieren op het didactisch handelen.**

10.5.6 EEN PARTICIPATIEF BELEID IS EEN VOORWAARDE

Een participatief beleid laat veel ruimte voor dialoog en samenwerking. Het versterkt het gevoel om ondersteund te worden en verhoogt de draagkracht van elke leerkracht. Door te werken met doelgerichte interactieve bijeenkomsten kon ik leerkrachten samen laten nadenken, ideeën uitwisselen en elkaar oplossingen laten aanreiken. Deze werkwijze bood veel kansen om de zaak vanuit verschillende perspectieven te bekijken, wat leidde tot het vergroten van het draagvlak om te werken aan een gemeenschappelijk doel. Als begeleidster dacht ik mee door vragen te stellen en niet door meteen oplossingen aan te dragen.

🔑 **Vermijd de rol van de redder in nood.**

Bovendien kon ik door leerkrachten van bij het begin van een groeiproces te laten participeren heel wat weerstanden vermijden. Deze participerende samenwerking is een belangrijk onderdeel van een open, positieve schoolcultuur. Het creëren van een open schoolcultuur was niet altijd vanzelfsprekend, waardoor ik in sommige scholen vooral aandacht moest geven aan het opbouwen van een participatief beleid. In scholen waar een participatief beleid reeds aanwezig was, had het innovatietraject doorgaans een grotere impact. Ik geef een voorbeeld om dit te verduidelijken.

"Thuistalen toelaten, dat zorgt voor etnische kliekjes." Een veelgehoorde uitspraak, zodra je het hebt over het gebruik maken van thuistalen. Dat heeft hoofdzakelijk te maken met de perceptie van leerkrachten ten aanzien van talen. Een team stelde het nog scherper: *"Het toelaten van thuistalen zorgt voor kliekjesvorming. Het gebruiken ervan sluit kinderen uit."* Ik ging samen met het team aan de slag met deze uitspraken. Iedereen kreeg de opdracht om de speelplaats te observeren. De opdracht luidde: 'Observeer de kinderen op de speelplaats. Doe dit zoals een camera zou registreren, zonder oordeel. Focus op het vaststellen.' Ze kregen daarbij de volgende richtvragen:

- Welke kliekjes zie je op de speelplaats?
- Op basis waarvan denk je dat deze er zijn?
- Wat zorgt ervoor dat je deze kliekjes als negatief/positief ervaart?
- Kun je voorbeelden geven van momenten waarop leerlingen bewust andere leerlingen uitsluiten door een andere taal dan het Nederlands te gebruiken?

De conclusie na de opdracht ging als volgt:

– Er zijn vele soorten 'vaste kliekjes' en er zijn 'tijdelijke kliekjes' waarbij kinderen van het ene naar het andere kliekje hoppen.
– Er zijn kliekjes op basis van: interesse (hobby's, soort spel, ...), leeftijd, klas, sekse, taal, familie, vriendschap, ...
– De meeste kliekjes werden als vanzelfsprekend, gewoon en positief ervaren. Enkele leerkrachten gaven aan dat ze het moeilijk hebben met de kliekjes anderstalige jongens.
– Leerlingen komen vertellen dat ze niet mogen meespelen, dat het moeilijk is om mee te spelen want dat de leerlingen in de andere taal blijven praten, ...

Tijdens een teamoverleg stelde ik aan het team de volgende vragen:

– Wat zijn de sociale regels op school rond taalgebruik? Zijn deze regels voor iedereen duidelijk?
– Waarom stoor je je precies aan de anderstalige jongens?

De eerste vraag werd doorgenomen in de werkvorm 'binnen- en buitenkring'.[5] Na deze oefening kwam het team tot het besluit dat ze thuistalen toelaten, maar geen eenduidige sociale taalregels hadden. Het gevolg daarvan was dat leerlingen niet wisten wanneer en hoe ze thuistalen mochten gebruiken en dat leerkrachten op zeer uiteenlopende wijze omgingen met thuistalen. Ik vroeg hen om per twee na te denken over hoe ze dat anders konden aanpakken. Voor de tweede vraag werkten we in kleine groepjes. De leerkrachten die het moeilijk hadden met de anderstalige jongens werden verdeeld over de verschillende groepjes. Zij kregen de opdracht om hun ergernis concreet te verwoorden. De andere deelnemers kregen twee opdrachten. De eerste was om vragen te stellen ter verduidelijking. De tweede was gericht op het zoeken naar wat nodig was om de ergernis weg te nemen of minstens te verkleinen.

🔑 **Gebruik interactieve en coöperatieve werkvormen in je begeleiding.**

Na deze oefening stelden de leerkrachten vast dat ze het vooral moeilijk hadden met het stoere gedrag van de jongens, dat ze het gevoel hadden uitgedaagd te worden. Deze leerkrachten botsten aan tegen een gevoel van controleverlies. Een gevoel dat versterkt werd doordat ze de taal niet begrepen, maar vooral een gevoel dat in oorsprong zijn wortels had in het ontbreken van een positieve band met deze leerlingen.

🔑 **Luister zeer actief en vraag door, zodat leerkrachten zelf tot inzichten komen.**

Na deze bijeenkomst besloot het team om enkele zaken concreet aan te pakken. Ze planden onder andere om het komende schooljaar werk te maken van het neerschrij-

---

5. Deze coöperatieve methodiek staat beschreven in de online tool www.metrotaal.be.

ven van een visietekst rond omgaan met thuistalen en om samen met de leerlingen sociale regels rond taalgebruik op te stellen en deze ook te bespreken met de ouders.

10.5.7 DE OVERTUIGING VAN DE DIRECTIE WERKT BESMETTELIJK

Van alle teams die ik begeleidde is er niet één dat eenzelfde traject heeft afgelegd of tot dezelfde resultaten is gekomen. Uiteraard speelt de context waarin een groeiproces tot stand komt hierin een rol. Er is echter nog een rol die zeer bepalend is voor de wijze waarop een verandering tot stand komt, namelijk: de rol van de directie. *"De directeur is de spilfiguur binnen een veranderingsproces. De leerkracht zorgt voor het rendement voor de leerlingen. Het is de directeur die de leerkrachten aanstuurt, motiveert en ondersteunt. Hij heeft op alle facetten een invloed op de school."* (pedagogisch begeleider)

In dit citaat zitten vele 'waarheden'. De woorden aansturen, motiveren en ondersteunen zijn hier vooral van cruciaal belang. Directies die daarvoor aandacht hebben kunnen veel bereiken met hun team. Dat kan op tal van manieren. Zo was er een directie die haar team verplichtte om iets uit te proberen. Ik voelde me bij deze aanpak niet zo comfortabel en gaf dat ook aan. De directie vertelde me dat haar team vaak een duwtje nodig had om over een drempel te geraken. Ze was ervan overtuigd dat het wel goed kwam. De sleutels: 'Uitstel van oordeel en vertrouwen hebben' flitsten door mijn hoofd. Zij kende haar team immers beter dan ik. Het werkte, zoals ze voorspeld had. Iedereen had iets kleins uitgeprobeerd en was enthousiast.

🔑 **Begin klein en denk groot. Elke stap die je neemt telt.**

Vooral de positieve reacties van de leerlingen bleken een sterke motivator te zijn om nog meer uit te proberen. *"Ik probeerde een activiteit uit. Eigenlijk verwachtte ik er niet veel van. Maar dan zie je plots dat de kinderen die anders zo stil zijn ineens het voortouw nemen. Alsof ze ontwaken. Dat heeft me geraakt."* (leerkracht)

Directies stappen soms ook aarzelend in een project. Zo was er een directie die na wat getwijfel voorstelde om alleen met de kleuterafdeling van start te gaan. Ze stelde dat indien de kleuterleidsters de interventies als positief zouden onthalen, ze bereid was om met het team van het lager aan te sluiten. Ik wees haar op de valkuilen van deze aanpak (verschillende snelheden, geen gemeenschappelijk draagvlak, sterke opdeling tussen kleuter- en lager onderwijs, ...), maar ze hield voet bij stuk. Ze was (nog) niet overtuigd van de meerwaarde van het project, maar wou het wel een kans geven.

🔑 **Wijs schoolteams of directies op de consequenties van keuzes die ze maken.**

Ik ging met enige aarzeling aan de slag met het kleuterteam. Vrij snel zag het schoolteam in dat het van start gaan zonder de leerkrachten van de lagere school geen ideale strategie was. Kleuters begonnen bijvoorbeeld hun thuistalen te gebruiken in de klas, in de refter en op de speelplaats, leerkrachten van de lagere school wisten niet hoe ze daar moesten op reageren, ... Het team van de lagere school had veel vragen. Vragen uit onzekerheid en onwetendheid. Ik voorzag verschillende vormingsmomenten om hen te voorzien van nuttige informatie. De onwetendheid verdween, maar de onzekerheid bij het team van het lager bleef. Ik kreeg hen niet aan het handelen in de klas. Tijdens de meeste bijeenkomsten was de directie vaak afwezig. De momenten waarop ze er wel was, sprak ze meestal haar eigen onzekerheid uit, wat het groeien van haar team beïnvloedde en vooral het in beweging krijgen van het team van de lagere school belemmerde.

🔑 **Stem goed af met de directie en bespreek de impact van hun rol in een team.**

In een andere school had men reeds een taalwerkgroep opgericht en gaf de directie het mandaat aan de werkgroep om in het kader van het Validiv-project het voltallige team te sensibiliseren, acties op te zetten en de resultaten op te volgen. Dat werkte heel goed, mede doordat de directie overtuigd was van de Validiv-project-doelstellingen én de vinger aan de pols hield door regelmatig deel te nemen aan de werkgroep of een overleg voorzag met de zorgcoördinator die ook deel uitmaakte van de werkgroep.

🔑 **Maak gebruik van de bestaande overlegorganen in een school.**

Het werken met een kernteam heeft voordelen. In een begeleiding komt het erop aan om een tandem te vormen met het kernteam én de directie. Op lange termijn is het de bedoeling dat dit kernteam de vaardigheden ontwikkelt om zelf de touwtjes in handen te nemen. Die lange termijn had ik echter niet, waardoor scholen die reeds vertrouwd waren met deze werkwijze een voorsprong konden nemen op scholen die zich dat nog moesten eigen maken.

Directies hebben in een groeiproces een sleutelrol, ze zijn de trekkers, de motors en ook de managers van de onzekerheid die soms leeft in het team of bij leerkrachten. Niemand zal dat ontkennen. Toch sputtert die motor weleens. Ik leerde scholen kennen waar de directie het nemen van beslissingen zo goed als volledig overliet aan het team onder de vlag van 'inspraak'. Maar inspraak staat niet gelijk aan 'doe maar'. Het gevolg was dat die scholen nooit uit de startblokken zijn geraakt. Ik zag ook scholen waar de directie de touwtjes heel stevig in handen nam en het team sterk aanstuurde. Dat bracht resultaten met zich mee, maar zodra de directie uit het zicht verdween, viel zo goed als alles stil. *"Vroeger verplichtte onze directie ons om per dag iets te doen. Maar nu ze (de directie) er niet meer is, doen we dat niet meer."* (uit een bijeenkomst met kleuterleidsters)

Daar waar directies erin slaagden om een leeromgeving te creëren waar teamleden elkaar konden ondersteunen, leerkrachten op hun kwaliteiten werden aangesproken, werk maakten van gezamenlijk doelen bepalen of een gedragen visie, bleef het groeiproces na de begeleiding van het Validiv-project een verder leven leiden.

10.5.8 WERK MAKEN VAN EEN GEDRAGEN VISIE IS NOODZAKELIJK

Scholen zijn zoekende in het omgaan met de brede waaier aan talendiversiteit. Op zich is dat positief, want dit zoeken geeft aan dat ze geconfronteerd worden met iets dat hen op de een of andere manier raakt. Een visie is hét referentiepunt waar leerkrachten telkens naar kunnen teruggrijpen. Soms is dat bij twijfel, soms is dat omwille van veranderingen of uit nood aan actualisering. Een visie versterkt de identiteit van de school en weerspiegelt zich in de praktijk. Tijdens het begeleiden van scholen heb ik bij elke school gepeild naar hun visie op het omgaan met talendiversiteit. Meestal kreeg ik als antwoord: *"We hebben een taalbeleid."* In de meeste gevallen stond er in het taalbeleid een vermelding met betrekking tot aandacht hebben voor (initiatie) Engels of Frans. Ik vond echter bijna geen taalbeleidsplan met aandacht voor de plaats van niet-Nederlandse talen, minderheidstalen en taalvarianten, laat staan een regel over de meerwaarde ervan. Voor de meeste scholen was dit (nog) te ingrijpend of een brug te ver. Zoals vermeld, een mentaliteitsverandering is een complex en dynamisch proces en vraagt om ondersteuning, professionalisering en tijd. Tijd was hier in vele gevallen een bepalende en remmende factor. Toch heb ik enkele durvers en doorzetters gevonden die er wel klaar voor waren. Ik geef kort een beschrijving van hoe ik met dit team te werk ben gegaan.

Tijdens een teamoverleg stelde het team vast dat ze onvoldoende van elkaar wisten wie wat doet en waarom. De zorgcoördinator gaf al meermaals aan dat ze het belangrijk vond dat de manier waarop er werd omgegaan met talige diversiteit in de klas en de school, expliciet zou neergeschreven worden in een visietekst. Als voorbereiding op het volgende teamoverleg vroeg ik aan het team om op te lijsten hoe ze in hun klas of school aandacht gaven aan talige diversiteit en waarom ze dat deden.

Wat stelden we vast in deze school?
– Er werd al heel wat gedaan rond talendiversiteit. Bij de kleuterafdeling was dit wel opvallend meer dan in de lagere school.
– Talige diversiteit werd zowel in de kleuterafdeling als in de lager school vaak gewaardeerd en soms zichtbaar gemaakt. Het benutten van talige diversiteit werd schoorvoetend uitgeprobeerd en het stimuleren van talige diversiteit was eerder afwezig.
– De derde graad van de lagere school had vooral oog voor Frans en soms wat Engels.
– De meeste leerkrachten hadden sociaal-emotionele doelen voor ogen. Anderen zagen het inzetten van talige diversiteit ook als een meerwaarde voor een leerproces.
– Sociale regels met betrekking tot taalgebruik waren er niet.

Aangezien je niet met een voltallig team kunt schrijven aan een visietekst stelde ik aan de directie voor om een aanzet te doen op basis van de doelen die geformuleerd werden door het team. Het team kon nadien de tekst nalezen en aanvullen. Bij een volgende werkvergadering werd er nagedacht over een plan van aanpak rond het opstellen van sociale regels voor taalgebruik. Verder ging de derde graad van de lagere school samenzitten met de kleuterleidsters om te brainstormen over concrete activiteiten of ingrepen in de klas. Iedereen dacht ook na over verschillende mogelijkheden om het benutten en stimuleren van talige diversiteit concreet te maken in de klas- en de schoolwerking. Deze ideeën werden eveneens besproken op een volgende werkvergadering.

Ter voorbereiding van een volgende werkvergadering nam ik de draft van de visietekst door. In de draft vond ik zo goed als niets meer terug over positief omgaan met thuistalen en taalvarianten. Nederlands was plots terug de norm. Verbaasd en ook wel teleurgesteld ging ik terug met het team aan de slag. Deze keer werkte ik met uitspraken uit de visietekst en koppelde die aan wat ze reeds deden in de praktijk.

🔑 **Zorg voor een kruisbestuiving van visie en praktijk.**

Zo wou ik hen laten inzien dat wat ze neerschreven niet strookte met hun praktijk en intenties. De reacties waren hevig en uiteenlopend: kwaadheid, frustratie, teleurstelling en zorg. Ik stelde vast dat het nadenken over en het toelaten en gebruiken van talige diversiteit iets helemaal anders was dan een visie neerschrijven. Alsof een visietekst plots een soort van 'wet' wordt, gebeiteld in steen. Ik wees het team erop dat een visietekst uiteraard aangeeft waar je als school voor staat en naar streeft, maar dat het ook een werkinstrument is waar op tijd en stond de nodige aanpassingen aan moeten gebeuren.

🔑 **Geef aan teams de boodschap dat een visietekst een werkinstrument is.**

Uiteindelijk is het ons gelukt om een genuanceerde visietekst neer te schrijven die beantwoordde aan de noden van de leerlingen, de leerkrachten, de directie én de ouders. Het is het resultaat van een verhaal van veel vallen en opstaan. *"Het werken aan een visie op 'omgaan met talige diversiteit' die gedragen is door het hele team. Dat is geen gemakkelijke opgave geweest. De meningen, ervaringen en kennis lagen soms ver uit elkaar. Goed dat we daar veel tijd voor uitgetrokken hebben en dat we door een coach ondersteund werden. Ik vond het niet eenvoudig, maar ik ben wel heel tevreden met het resultaat. De visie wordt nu écht gedragen."* (leerkracht)

10.5.9 AANDACHT VOOR HET GEHEEL IS ESSENTIEEL

Aandacht voor het geheel wil zeggen dat de visie van de school op omgaan met talige diversiteit wordt doorgetrokken doorheen alle facetten van de school. Voorbeelden hiervan zijn: tolken uitnodigen op school, Vlaamstalige en ook meertalige ouders meevragen op uitstappen, een budget voorzien voor de aankoop van meertalige boeken, … Omgaan met talige diversiteit in de praktijk vertaalt zich dan niet enkel in het zoveelste project naast vele anderen, maar is ingebed in het totale beleid van de school. Ik geef een voorbeeld.

Naar aanleiding van een meertalig voorleesmoment werkte de taalwerkgroep van een school een geïntegreerd plan van aanpak uit. De school kocht meertalige boeken aan en implementeerde het meertalig (voor)lezen op verschillende manieren in reeds bestaande activiteiten in de klas en op de school. Tijdens het tutorlezen werd voorzien dat leerlingen die dat wensten meertalige boekjes konden (voor)lezen. Dat verhoogde opmerkelijk het leesplezier én de status bij de meertalige leerlingen. Door de leerkrachten werd deze aanpak gezien als een vorm van zorg en taaldifferentiatie.

🔑 Werk met gekruiste doelstellingen. Het maakt het geheel steviger.

Oudere leerlingen maakten audio-opnames van voorgelezen verhalen. Ze deden dat in twee talen: Nederlands en een andere taal en zetten ze op een geheugenstick. Deze geheugensticks konden samen met de meertalige leesboekjes door de leerlingen en de ouders uitgeleend worden. Dat werd enorm geapprecieerd door de ouders en had een positief effect op de ouderbetrokkenheid en -participatie. Heel wat ouders waren bereid om nog meer verhalen in te lezen en te komen voorlezen in de school. *"Wij willen in onze school af van aparte kleine acties. Acties moeten ingebed zijn in het geheel van de school: de visie, het pedagogisch project, het talenbeleid, de zorg, … Naar mijn gevoel is er dan pas échte verandering in de school mogelijk."* (directie)

Aandacht besteden aan het geheel wil ook zeggen dat er een afstemming is tussen *alle* actoren in de school: leerlingen, ouders, het team, het schoolbeleid en de schoolleiding. Dat vraagt om dialoog en samenwerking. Je kon eerder al lezen dat één van de projectscholen werkte aan een gedragen visie op talige diversiteit. Deze visie kwam in eerste instantie tot stand vanuit het team. Toch is het belangrijk om als school ook duidelijk te maken aan de ouders (en de leerlingen) waarvoor je school staat. Ook als het gaat over talige diversiteit. Dat kan op tal van manieren. Een visie draag je in de eerste plaats uit door de dagelijkse praktijk, maar ook door ouders te informeren via een oudercafé, een klasbezoek, het bekijken van filmopnames, getuigenissen, huisbezoeken, … Het is belangrijk dat ouders goed weten waarom je het gebruik van talige diversiteit belangrijk vindt, hoe je dat in de praktijk aanpakt, wat de positieve effecten zijn van het toelaten en het waarderen van thuistalen, … én het is belangrijk dat ouders ook met hun vragen terechtkunnen bij het team. Want ook zij hebben vragen vanuit zorg, betrokkenheid en onwetendheid.

🔑 Informeer en betrek ouders bij het werken aan een open talenbeleid.

Scholen die écht werk willen maken van een open en inclusief talenbeleid moeten ook werk maken van de samenwerking met ouders.

10.6   TOT SLOT

Wanneer ik bij aanvang van het Validiv-project aan een leerling vroeg welke talen hij sprak, antwoordde hij: *"Nederlands."* En dan aarzelend en wantrouwig rond zich heen kijkend: *"Marokkaans. Met mijn mama. Thuis."* Ik vroeg hem of hij ook op school Marokkaans sprak. Hij keek me terug wantrouwig aan en antwoordde: *"Op school? Neen, jong. Ik ga mezelf niet belachelijk maken."* Het antwoord van die leerling en zijn blik zijn blijven 'plakken'. Ik heb er vaak aan teruggedacht en hoop dat hij en zijn leerkrachten ooit op een andere manier naar diversiteit in talen kunnen en mogen kijken. Want als je talige diversiteit als een rijkdom kunt zien, dan liggen er vele kansen tot voordelen voor *alle* leerlingen voor het grijpen. Sommige voelen dit aan vanuit een buikgevoel, terwijl anderen hiervan eerder overtuigd moeten worden. Dat kan, aan de hand van wetenschappelijk bewijsmateriaal en via praktijkervaringen.

10.6.1   *METROTAAL – MIND THE GAP*

Mijn ervaringen met de durvers en de doorzetters én de positieve reacties van hun leerlingen hebben voor bevestiging gezorgd: scholen hebben nood aan begeleiding. Daarom heb ik samen met mijn collega's, op basis van mijn ervaringen in het begeleiden van de projectscholen, een online tool ontwikkeld: *'Metrotaal – Mind the gap'.* Deze website wil interne en externe begeleiders ondersteunen, inspireren en professionaliseren in:
– het creëren van leef- en leeromgevingen die openstaan voor talige diversiteit;
– het werk maken van een open talenbeleid waar *alle* talen 'thuis' zijn.

De website streeft ernaar om de competenties van een schoolteam te verbreden en te verdiepen en wie er graag gebruik wil van maken, kan terecht op www.metrotaal.be.

Als gebruiker ontdek je:
– mythes die een open talenbeleid in de weg staan;
– feitelijke kennis die je nodig hebt om een open talenbeleid op te zetten;
– diverse werkvormen om het thema in een team bespreekbaar te maken;
– een reeks activiteiten waar je in de klas meteen mee aan de slag kunt.

En vooral, je ontdekt dat het werken aan talige diversiteit al kan via kleine haalbare aanpassingen. *"Het vraagt allemaal niet zoveel. Een beetje goede wil en inspelen op wat je leerlingen reeds binnenbrengen in de klas en uiteraard een brede en veeltalige bril opzetten."* (leerkracht)

REFERENTIES

Agirdag, O., Nouwen, W., Mahieu P., Van Avermaet, P., Vandenbroucke, A., & Van Houtte, M. (Eds.) (2012). *Segregatie in het basisonderwijs: Geen zwart-wit verhaal.* Antwerpen: Garant.

Agirdag, O., Van Avermaet, P., & Van Houtte, M. (2013). School segregation and math achievement: A mixed-method study on the role of self-fulfilling prophecies. *Teachers College Record, 115*(3), 1-50.

Creemers, B., & Kyriakides, L. (2008). *The dynamics of educational effectiveness: A contribution to policy, practice and theory in contemporary schools.* London: Routledge.

Devlieger, M., Frijns, C., Sierens, S., & Van Gorp, K. (2012). *Is die taal van ver of van hier? Wegwijs in talensensibilisering, van kleuters tot adolescenten.* Leuven: Acco.

Ramaut, G., Sierens, S., & Bultynck, K. (2013). Eindrapport evaluatieonderzoek 'Thuistaal in onderwijs' (2009-2012).

Rhodes, H., & Huston, A. (2012). Social Policy Report. Building the Workforce Our Youngest Children Deserve. *Sharing Child and Youth Development Knowledge, 26*(1).

Sierens, S. & P. Van Avermaet. Taaldiversiteit in het onderwijs: van meertalig onderwijs naar functioneel veeltalig leren. In: Van Avermaet, P., K. Van den Branden & L. Heylen (Eds.) (2010). *Goed gegokt? Reflecties op twintig jaar gelijke-onderwijskansenbeleid.* Antwerpen: Garant.

Speybroeck, S. (2013). Teachers' expectations and the achievement gap: The role of students' ethnicity and socioeconomic status. Niet-gepubliceerde doctoraatsthesis: KU Leuven & Universiteit Antwerpen.

Van de Craen, P., Ceuleers, E., & Mondt, K. (2007). Cognitive development and bilingualism in primary schools: Teaching maths in a CLIL environment. In D. Marsh, & D. Wolff, Diverse Contexts – Converging Goals: CLIL in Europe (pp. 185-200). Frankfurt am Main: Peter Lang.

Hoofdstuk 11

Conclusie

Lore Van Praag, Julie Van den Bossche, Sven Sierens, Orhan Agirdag

We geven in dit hoofdstuk een korte reflectie op de bevindingen van vier jaar onderzoek en ervaring in scholen. We blikken terug op de vooropgestelde doelen van het Validiv-project, een Strategisch Basis Onderzoek dat gefinancierd werd door het Agentschap voor Innovatie door Wetenschap en Technologie (IWT).[1] Een eerste doel was om de determinanten en de gevolgen van talige diversiteit in het Vlaamse basisonderwijs te bestuderen. Een tweede doel was om Validiv-instrumenten te ontwikkelen die scholen in staat stellen om de aanwezige talige repertoires van alle leerlingen te benutten in de klas. Als derde doel stelden we voorop om de implementatie van de Validiv-producten te evalueren en de effecten ervan in kaart te brengen. We geven een overzicht van de bevindingen en halen enkele elementen aan die interessant kunnen zijn als men in de toekomst meertaligheid wil benutten op school en de werking ervan wil onderzoeken.

11.1 INZETTEN VAN MEERTALIGHEID OP SCHOOL

Als men een talenbeleid op school wil opzetten, dan moet men rekening houden met de specifieke aard van 'taal'. Taal wordt gebruikt om te communiceren met elkaar en is zowel persoons- als ruimtegebonden. De gelaagdheid van het concept 'taal' komt in de verschillende hoofdstukken naar voren. Taal speelt een centrale rol in het sociale leven binnen scholen. Denk maar aan de manier waarop taal interacties tussen leerlingen onderling en leerlingen en leerkrachten beïnvloedt. De talige repertoires waarover leerlingen beschikken, zijn een belangrijk startpunt voor de strategieën die leerkrachten en scholen kunnen gebruiken om aan de slag te gaan met meertaligheid. Daarnaast worden talige dynamieken op school ook bepaald door de context waarin de school zich bevindt. We gaan hier in de volgende alinea's uitgebreider op in en bespreken de rol die meertaligheid kan spelen in verschillende contexten, namelijk de schoolcontext en de klascontext, en de ontwikkeling van taal bij de leerlingen zelf.

---

1. Sinds 1 januari 2016 is dit het VLAIO (Vlaams Agentschap Innoveren & Ondernemen) geworden.

11.1.1 DE SCHOOLCONTEXT

✔ *De omgeving van de school*

De combinatie van de taalgeschiedenis van België en het belang dat gehecht wordt aan taal ter bevordering van het integratieproces bij migranten en hun kinderen, heeft mee vormgegeven aan de heersende visies rond meertaligheid op school. Het invoeren van een meer open talenbeleid ten aanzien van de thuistalen van meertalige kinderen en het inzetten ervan in het leerproces op school druist in tegen het eentalige taalbeleid dat jarenlang in vele scholen van de Vlaamse Gemeenschap werd gevoerd. De resultaten van dit onderzoek geven aan dat ideeën en praktijken met betrekking tot het toepassen van meertaligheid vaak ingaan tegen de heersende denkbeelden in de samenleving. De denkbeelden die betrekking hebben op het positief inzetten van meertaligheid worden soms als controversieel, onwenselijk of onhaalbaar bestempeld. Uit de bevindingen van het Validiv-onderzoek blijkt dat vele leerkrachten en directies in het begin van het project weinig of niet vertrouwd waren met het idee dat functioneel veeltalig leren cognitieve, talige en sociale voordelen kan opleveren voor leerlingen. We hebben echter vastgesteld dat verandering mogelijk is.

Groepsdynamieken spelen een belangrijke rol bij het implementeren van nieuwe materialen en innovatieve werkmethoden op school. Scholen en leerkrachten zijn altijd in beweging. Ze worden verwacht zich aan te passen aan nieuwe trends en beleidsbeslissingen in het onderwijslandschap, aan nieuwe groepen van leerlingen en aan een veranderende maatschappij en technologie. Dat vergt een blijvende inspanning van het schoolteam. Zelfs leerkrachten die elk jaar in hetzelfde leerjaar lesgeven, blijven aan hun lessen sleutelen. We mogen deze continue vraag naar verandering en nood om zich bij te scholen, niet onderschatten. Als lerende instituties stellen scholen de gebruikte methoden, praktijken en ideeën in vraag. Dat is vooral mogelijk als leerkrachten elkaar ondersteunen en samenwerken als een team. Een dergelijk positief schoolklimaat is noodzakelijk om innovaties door te voeren op school. Dat is zeker het geval als teams hun nek uitsteken voor thema's waarover de meningen vaak erg verdeeld zijn, zoals het gebruik van alle thuistalen van leerlingen op school. Tijdens het Validiv-project blijkt dat waar het schoolpersoneel een goed geoliede machine is, veranderingen in het talenbeleid veel sneller en veel efficiënter doorgevoerd worden. In deze scholen wisselen leerkrachten sneller ervaringen en tips uit met elkaar, waardoor ze zich meer gesteund voelen in hun pogingen om iets nieuws te proberen in de klas.

Toekomstige beleidsmakers die meertaligheid op school willen introduceren, kunnen het best rekening houden met het feit dat niemand een meertalig beleid toepast waarvan men verwacht dat het de kansen van leerlingen beperkt. Laat staan dat scholen dit doen zonder ondersteuning van de omgeving. Daarom hebben we ons bij het ontwerpen van de website Metrotaal (zie hoofdstuk 10, www.Metrotaal.be) in de eerste plaats gericht op de begeleiders van leerkrachten in scholen. Begeleiders hebben oog voor de groepsdynamieken in een school en proberen leerkrachten ook te stimuleren om ervaringen met elkaar te delen. Een dergelijke groepsgerichte aanpak blijkt een belangrijke voorwaarde om meertaligheid ingang te laten vinden in een meer optimale leeromgeving. We stellen op deze website verschillende manieren voor waarop scholen dit in de praktijk zouden kunnen uitwerken. De bedoeling van deze website is om meertaligheid ingang te doen vinden op scholen. De meeste van deze voorstellen zijn gericht op het verbeteren van de teamgeest, het leren van elkaar en het benutten van de aanwezige ervaring op school. We benadrukken hierbij het belang van effectief leiderschap en overlegculturen in scholen. Daarnaast is het cruciaal dat alle partners van een school, zoals ouders, leerlingen, leerkrachten, ondersteunend personeel, directie, zich op elkaar afstemmen. Daarnaast worden er ook verschillende oefeningen en methodieken voorgesteld die leerkrachten zouden kunnen gebruiken in hun klaspraktijk. Deze website vertrekt vanuit de vaststelling dat een succesvolle introductie van meertaligheid in de lagere school slechts mogelijk is in een optimale leeromgeving.

✔ *De talige rijkdom binnen en buiten de school ontginnen*

In het Validiv-project hebben we de talige diversiteit die reeds aanwezig is binnen een school actief proberen te stimuleren en te benutten. De talige diversiteit die in scholen aanwezig is, verschilt van school tot school en is afhankelijk van de ligging van de school. De aanwezige talige repertoires onder de leerlingen bepalen de talige dynamieken in de klas. Als er veel leerlingen zijn die dezelfde talen spreken, dan hebben leerkrachten andere mogelijkheden om met deze talige repertoires aan de slag te gaan, dan als er veel talige diversiteit aanwezig is in de klas. In Metrotaal (zie hoofdstuk 10) zien we, bijvoorbeeld, een leerling uit de lagere school die thuis Turks spreekt en die de leerkracht helpt bij het voorlezen aan de kleuters van dezelfde school. De leerkracht vertelt het verhaal in het Nederlands, terwijl de leerling hetzelfde verhaal vertelt in het Turks. Het meisje was hier zo enthousiast over dat ze ondertussen een boekenclub is begonnen op de speelplaats. Dit voorbeeld illustreert hoe leerkrachten gebruik kunnen maken van het aanwezige meertalige potentieel in de klas. Uiteraard kan dit voorbeeld niet zomaar in alle scholen toegepast worden. In scholen waar de talige diversiteit groter is of waar juist een grote groep leerlingen thuis enkel Nederlands spreekt, moeten leerkrachten op zoek gaan naar passende werkvormen om meertaligheid een plaats te geven. Iedere school heeft haar eigen (meer)talige samenstelling en heeft ook nood aan een aanpak op maat. Maar het voorbeeld van de boekenclub illustreert wel mooi hoe de meertalige realiteit als potentieel en rijkdom kan worden benut in plaats van het als een probleem te zien.

Een belangrijke opmerking die we hierbij moeten maken is het feit dat sommige leerlingen thuis andere talen of taalvariëteiten spreken dan Nederlands, op zich niet voldoende is om hun thuistalen optimaal te kunnen inzetten in de klas. Een toleranter beleid ten aanzien van meertaligheid kan een belangrijke rol spelen in de taalvaardigheden die leerlingen ontwikkelen op school, maar dat is niet voldoende om de talige repertoires van de leerlingen aan te wenden op school. We zagen in hoofdstuk 7 dat niet alle leerlingen spontaan hun thuistalen in dezelfde mate inzetten op school. We vonden dat meertalige leerlingen meer geneigd zijn hun thuistaal te benutten als ze ook het gevoel hebben dat ze die taal voldoende beheersen (hoofdstuk 7). Meertalige leerlingen die het gevoel hebben dat ze kunnen zeggen wat ze willen in het Nederlands en ook begrijpen wat anderen rondom hen en thuis zeggen in hun thuistaal, voelen zich bovendien beter thuis op school. Het is hierbij opmerkelijk dat leerlingen die aangeven dat ze slechts één van de talen die ze gebruiken goed beheersen, zich minder thuis voelen op school dan leerlingen die enkel Nederlands spreken. Het maakt hierbij zelfs niet uit om welke taal het gaat – de instructietaal of de andere talen die de leerlingen spreken. Het gevoel dat leerlingen hebben over de beheersing van de talen die ze spreken, speelt een cruciale rol in de thuisgevoelens die leerlingen hebben op school. Het is bijgevolg belangrijk om te werken aan de beheersing van de thuistalen van leerlingen en de gevoelens van leerlingen hieromtrent. In hoofdstuk 4 zien we dat meertalige leerlingen in de digitale leeromgeving E-Validiv hun thuistaal vooral inzetten als hulpmiddel voor hun leerproces in het Nederlands. Leerlingen die zichzelf echter niet zo hoog inschatten voor de vaardigheid in hun thuistaal, maken er ook minder gebruik van. Vooral meertalige leerlingen die van zichzelf denken dat ze hun thuistaal niet zo goed beheersen, zullen dus een extra stimulans nodig hebben om hun thuistaal daadwerkelijk te gaan benutten in hun leerproces. Deze bevindingen tonen aan dat Nederlands nog steeds een dominante plaats inneemt op vele scholen. De visies die leven rond meertaligheid op school lijken wel degelijk een invloed uit te oefenen op de manieren waarop meertaligheid ingezet kan worden in het basisonderwijs en hoe leerlingen hun thuistalen inzetten op school.

Naast de aanwezige talige diversiteit in een school heeft de taal die dominant is in de omgeving waar de school is ingebed, een invloed op de gebruikte talen binnen de school. Zo is in Brussel Frans dominant en dat resulteert in het feit dat in een Nederlandstalige school in Brussel de lingua franca soms Frans is tussen leerlingen onderling (zie hoofdstukken 5 en 6). Met andere woorden: het toelaten van en actief gebruik maken van 'andere talen' op school is niet altijd een kwestie van 'minderheidstalen' die een plaats moeten krijgen op school, maar kan dus ook gaan over het Nederlands in een specifieke talige context. In Gent en Limburg is de dominante omgevingstaal Nederlands en dat manifesteert zich ook in de scholen – ondanks het feit dat in die scholen overwegend een andere taal dan het Nederlands de eerste taal van de kinderen is – waar de gedeelde taal voornamelijk het Nederlands is (zie hoofdstukken 3, 5 en 9). De talige omgeving bepaalt in zekere mate ook de vertrouwdheid van leerkrachten met meertaligheid en hun houding ten aanzien van het gebruik van andere talen dan Nederlands op school. Door de specifieke lokale gevoeligheden mag het belang van de omgeving waarin een school is ingebed zeker niet vergeten worden bij het uitdenken van een talenbeleid op school.

Als onderwijsbeleidsmakers meer aandacht willen geven aan het positief benutten van meertaligheid, dan kunnen ze het best rekening houden met deze talige dynamieken binnen en buiten de school en context-specifieke gevoeligheden. Het inzetten van begeleiders op scholen kan alvast een belangrijke stimulans geven om actief een talenbeleid uit te denken. Een andere mogelijkheid is om cultureel kapitaal dat op school aanwezig is meertalig te maken. Scholen kunnen dat doen door meertalige boeken en boeken in verschillende talen aan te kopen en te gebruiken tijdens de lessen. Bij het uitwerken van een talenbeleid kan men ook mensen van buiten de school betrekken. In eerste instantie kan dit dan gaan over de ouders van de leerlingen, buurtbewoners en lokale organisaties. Ouders spreken dezelfde taal als hun kinderen en hebben al voeling en betrokkenheid met de school. Vele scholen schakelen ouders in om leesgroepjes te begeleiden. Dergelijke leesgroepjes zouden een meertalig karakter kunnen hebben. Een tweede optie is om de bredere buurt en omgeving van de school aan te spreken. Scholen kunnen, bijvoorbeeld, op bezoek gaan bij de lokale organisaties of buurtbewoners, zoals de bakker, dokter, muzikant in de buurt, die andere talen spreken dan het schoolpersoneel zelf. Op deze manier kunnen we de aanwezige talige diversiteit van de leerlingen optimaal aanwenden en wordt de school sterker ingebed in de buurt. Een bijkomend voordeel hiervan is dat scholen minder afhankelijk zijn van ouderparticipatie om een talenbeleid uit te denken waar plaats is voor alle talen die aanwezig zijn op school. Op deze manier wordt contact met meertaligheid minder een kwestie van wat er in de schoolpopulatie aanwezig is. Een buurt kan rijker en meer divers zijn dan blijkt uit de samenstelling van de schoolpopulatie. Het benutten van meertaligheid kan, met andere woorden, ondersteund worden door zowel personen binnen als buiten de schoolmuren.

11.1.2 INTERACTIES IN DE KLAS

✔ *Interacties tussen leerlingen*

Als we gaan kijken naar het belang van taal binnen de schoolcontext, dan zien we duidelijk dat taalgebruik deel uitmaakt van de heersende klasdynamiek. Taal speelt een rol bij het sluiten van vriendschappen tussen leerlingen en het ontwikkelen van een vertrouwensband met de leerkracht. Het belang van taal in klasdynamieken is een argument waar vaak naar wordt verwezen door zowel voor- als tegenstanders van meertaligheid op school. De voorstanders van het toelaten van thuistalen stellen dat talen deel uitmaken van de beleving van identiteiten van leerlingen en verwijzen vaak naar Cummins (2001) om hun visie kracht bij te zetten. Zij gaan ervan uit dat kinderen die van thuis uit een andere taal spreken dan het Nederlands minder aanvaard worden door het voeren van een eentalig en restrictief taalbeleid in de school. Ze halen bijgevolg de aanvaarding en de inclusie van alle leerlingen op school aan als een reden om de thuistalen van alle leerlingen toe te laten op school. Ditzelfde argument wordt aangehaald door tegenstanders van het toelaten van meertaligheid op school. Juist omdat taal leerlingen met elkaar kan verbinden en voor hechte vriendschappen zorgt, vrezen de critici van meertaligheid op school dat er taalkliekjes ontstaan.

In het Validiv-project hebben we de vriendschapsrelaties van leerlingen in meertalige scholen nader onderzocht om de voor- en tegenstanders van dit debat wetenschappelijke onderbouwing te geven. De resultaten tonen aan dat de talen die leerlingen spreken op zich hun vriendschapsrelaties niet volledig bepalen, maar wel dat het talenbeleid op school een belangrijke rol speelt bij het thuisgevoel dat leerlingen hebben op school en het vormen van vriendschappen (zie hoofdstuk 7). Zowel meertalige als Nederlandstalige leerlingen voelen zich meer thuis op school als leerkrachten toleranter omgaan met meertaligheid op school. Daarnaast zien we ook dat meertalige leerlingen meer vriendschapsrelaties ontwikkelen met leerlingen die een andere thuistaal spreken op voorwaarde dat hun thuistalen aanvaard worden op school. Meertalige kinderen houden vaak rekening met de talige vaardigheden van hun gesprekspartner. Als deze leerlingen in scholen waar er meer tolerantie is ten aanzien van meertaligheid, ook meer vriendschapsrelaties onderhouden met leerlingen die een andere thuistaal spreken, dan betekent dit uiteindelijk dat ze ook meer Nederlands zullen spreken in scholen waar men toleranter is ten aanzien van meertaligheid. Dat impliceert niet alleen dat de nadruk op enkel Nederlands op school drempels opwerpt om leerlingen zich goed te laten voelen op school, maar ook dat een talenbeleid dat openstaat voor het gebruik van alle thuistalen van de leerlingen resulteert in meer kansen om Nederlands te spreken. En dit heeft dan op lange termijn een positief effect op de taalvaardigheid Nederlands. Deze resultaten illustreren dat het belang van de aanvaarding van de thuistalen van leerlingen op school, niet onderschat mag worden in toekomstig onderwijs- en integratiebeleid. Vervolgens kunnen deze bevindingen een nieuwe stimulans bieden aan het debat rond meertaligheid, dat vaak verlamd wordt door de vrees voor uitsluitingsprocessen en kliekjesvorming tussen leerlingen.

✔ Leerlingen en hun leerkracht

Een geïntegreerde meertalige aanpak is voor vele leerkrachten nieuw. Leerkrachten hebben niet altijd meteen zicht op de diverse opties waarover ze beschikken om alle aanwezige talen in de klas te benutten. Hier komt nog eens bij dat het niet altijd vanzelfsprekend is om alle thuistalen van leerlingen toe te laten in de klas. Het geeft leerkrachten vaak het gevoel dat ze de controle over de klas verliezen. Het is op het eerste gezicht niet vanzelfsprekend om na te gaan of leerlingen wel degelijk met de taak bezig zijn of, integendeel, met zaken die het gezag van de leerkracht mogelijk ondermijnen. Daarnaast hebben leerkrachten vaak het gevoel dat ze meertalige leerlingen niet kunnen ondersteunen bij het gebruik van de thuistaal, wat ze, bijvoorbeeld, wel hebben als leerlingen Nederlands spreken. Een omslag van een eentalige naar een meertalige klaspraktijk vergt tijd, extra inzet en een batterij inzetbare strategieën. Leerkrachten kunnen het gevoel van controleverlies tegengaan door zelf het heft in handen te nemen en meertaligheid actief en doelgericht in te zetten in de klas. Om dat te kunnen realiseren moeten ze nadenken over de aanpak van concrete leermomenten en leerinhouden. De kwalitatieve deelonderzoeken (hoofdstukken 3 en 5) van het Validiv-project zorgden alvast voor een unieke inkijk in de wereld van de leerlingen. Als leerlingen hun thuistaal mogen gebruiken bij het maken van een groepswerk, merken we op dat, aan de hand van de vertalingen van deze groepswerken, leerlingen vaker hun thuistaal gebruiken om te overleggen over de inhoud en het verloop van de taak dan om over andere zaken te spreken die niets met de taak te maken hebben. Ondanks het feit dat het gebruik van de thuistaal – ook tijdens ons onderzoek – leidt tot een gevoel van controleverlies bij leerkrachten, vinden we dat leerlingen hun thuistalen hoofdzakelijk functioneel inzetten tijdens de taakuitvoering, en niet om de klas op stelten te zetten of andere leerlingen uit te sluiten.

Het feit dat vele leerkrachten zich ongemakkelijk voelen bij het introduceren van de thuistalen van alle leerlingen in de klas, mogen we in geen geval negeren of miskennen. Een goede vertrouwensband tussen leerlingen en leerkracht is en blijft een belangrijke voorwaarde voor leerkrachten om meer talen toe te laten in de klas. Leerkrachten kunnen steeds nagaan of leerlingen aan het werk zijn, door hen aan te spreken terwijl ze bezig zijn en te laten praten over hun werk. Om dat te realiseren zijn goede afspraken rond het gebruik van meertaligheid belangrijk. Leerkrachten kunnen dit openlijk bespreken met hun leerlingen, bijvoorbeeld in een klasgesprek, en zo met hen het debat rond meertaligheid aangaan. Op deze manier krijgen leerlingen daadwerkelijk de boodschap dat hun thuistalen waardevol zijn. Een andere mogelijkheid waarop leerkrachten de talige repertoires van hun leerlingen kunnen aanspreken zonder het gevoel te hebben dat ze de controle over de klas verliezen, is aan de hand van de digitale meertalige leeromgeving E-Validiv (zie hoofdstuk 4). Als laatste is het belangrijk dat leerkrachten zelf de interacties tussen leerlingen vormgeven en begeleiden door na te denken over concrete lesinhouden en methoden waar de meertaligheid van de leerlingen een duidelijke plaats inneemt. We moeten hier echter wel een kanttekening maken. Als leerkrachten de thuistalen van leerlingen slechts in beperkte mate toelaten (bijvoorbeeld: tijdens groepswerk of enkel tijdens zelfstandig werken in de leeromgeving E-Validiv), kan dit de illusie wekken dat de thuistalen van alle leerlingen slechts in uitzonderlijke omstandigheden welkom zijn. Op deze manier worden leerlingen beperkt om te ontdekken hoe ze hun thuistaal op een doelgerichte en betekenisvolle manier kunnen inzetten. Dat zou een 'enkel-Nederlands'-beleid op school net in de hand kunnen werken.

11.1.3 LEERLINGEN EN TAAL

Het taalgebruik van leerlingen is afhankelijk van de context waarin de leerling zich bevindt. Meertalige leerlingen maakten voor schoolse zaken overwegend gebruik van het Nederlands. Dat was duidelijk zichtbaar tijdens groepswerken (hoofdstuk 3), het dagelijkse gebruik van alle talen in een meertalige klas (hoofdstuk 5) en de manier waarop leerlingen hun meertalige kennis benutten tijdens het doorlopen van subthema's in E-Validiv (hoofdstuk 4). Zo zien we dat leerlingen in E-Validiv het grootste deel van hun tijd besteden aan de inhoud in het Nederlands. Ook tijdens groepswerk wordt er voornamelijk Nederlands gesproken. De leerlingen maken flexibel gebruik van Nederlands én hun thuistaal bij betekenisonderhandeling, of als ze praktische regelingen rond een taak en de inhoud van een taak willen bespreken. Het taalgebruik van leerlingen varieert naargelang de vertrouwdheid die leerlingen hebben met het gebruik van hun thuistalen op school. In hoofdstuk 5 zien we dat, als de thuistalen van leerlingen aanvaard worden in de klas in een Gentse school, leerlingen ook andere talen dan het Nederlands gebruiken om over schoolse zaken te praten en wanneer ze met elkaar omgaan. In de Brusselse school (waar Frans niet toegelaten wordt) doen leerlingen dat ook als de leerkracht zich op voldoende afstand bevindt. Dat betekent dat leerlingen op een creatievere manier gebruik maken van hun meertalige repertoires dan vaak wordt aangenomen en dat de manier waarop scholen met meertaligheid omgaan hier een belangrijke rol in speelt. We vonden bijvoorbeeld dat leerlingen Nederlandse woorden in een Turkse zin gingen verbuigen volgens de taalkundige regels in het Turks (zie p. 41 waar Selina aan de stam 'bubbel' -ler toevoegt, de Turkse meervoudvorm, of het voorbeeld van Ali op p. 43 die aan de Nederlandse infinitief 'stoppen' met Turkse toevoegingen de nuance aangeeft dat 'het proces van te stoppen begint' op een manier die je in het Nederlands niet zo precies kan uitdrukken.). De meertalige leerlingen probeerden op deze manier hun talige repertoires zo efficiënt mogelijk in te zetten en nuances aan te brengen in de taal die ze op een gegeven moment aan het spreken zijn. Deze bevindingen gaan in tegen de verwachting dat meertalige leerlingen enkel Nederlands gebruiken om over schoolse zaken te spreken of hun thuistaal om over andere zaken te spreken. Leerlingen zetten hun volledige talige repertoire in om optimaal te kunnen communiceren. Dat zorgt ervoor dat leerlingen zich niet beperken tot één taal, maar door meertaligheid toe te laten op school meerdere talen ontwikkelen. Leerlingen trachten vaak aan de hand van hun thuistalen meer inzicht te verwerven in Nederlandse concepten en ze helpen elkaar hierbij. Op deze manier krijgen leerlingen meer inzicht in de regels in het Nederlands en hun thuistalen. Het Validiv-project heeft hierop ingespeeld door de meertalige digitale leeromgeving E-Validiv te ontwerpen, waarin schoolse taalvaardigheid in zowel het Nederlands als een andere taal aan bod komt. Uit het onderzoek naar het gebruik van E-Validiv werd duidelijk dat meertalige leerlingen vaak nog onvoldoende schoolse woordenschat hebben kunnen ontwikkelen in hun thuistaal. Hierdoor kunnen de leerlingen hun thuistaal ook niet altijd gebruiken in de klas. Aangezien het project zich toespitste op het vierde en vijfde leerjaar, hebben we niet vanaf het begin van hun schoolcarrière kunnen inzetten op de ontwikkeling van schoolse taalvaardigheid in andere talen, naast de instructietaal Nederlands. Samengevat kunnen we stellen dat het benutten van de talige diversiteit in de klas voordelen met zich mee kan brengen, maar tezelfdertijd vaak nog onontgonnen terrein is.

11.2   WAT KUNNEN WE LEREN UIT HET VALIDIV-PROJECT?

Op basis van de bevindingen van het Validiv-project en de ervaringen tijdens het implementeren van de Validiv-instrumenten, sommen we in de komende alinea's enkele aandachtspunten op, die nuttig kunnen zijn voor beleidsmakers, onderzoekers en schoolbegeleiders die meertaligheid willen aanwenden in een schoolse context. We gaan hier dieper in op drie aandachtspunten die op basis van de bevindingen van het Validiv-project belangrijk blijken te zijn voor het stimuleren van meertaligheid van leerlingen in het basisonderwijs. Ten eerste blijkt uit het Validiv-project dat een integrale aanpak van meertaligheid loont en onmisbaar is, wil men meertaligheid daadwerkelijk op een positieve manier aanwenden op school. Verschillende niveaus en schoolactoren spelen op elkaar in. De leerkracht, de talige samenstelling van de klas, de talige vaardigheden van leerlingen, het talenbeleid op school en de talige omgeving waarin de school zich bevindt, kunnen niet los van elkaar worden gezien. Het is bijvoorbeeld erg moeilijk voor een leerkracht om meertaligheid aan te wenden in een context die dit niet ondersteunt. Andersom geldt ook dat een directie niet in haar eentje het talenbeleid van een school kan vormgeven. Zij moet ondersteund worden door een leerkrachtenteam dat dezelfde visie deelt. Vervolgens hebben scholen door de verschillende aanwezige talige diversiteit vaak verschillende mogelijkheden om meertaligheid te benutten. In een klas waar veel talige diversiteit aanwezig is, hebben leerlingen andere mogelijkheden om hun talige repertoires te ontwikkelen, dan in een klas waar talige diversiteit niet zo sterk vertegenwoordigd is. Kortom, als we leerlingen functioneel veeltalig willen laten leren, moeten we zeker ook rekening houden met de manier waarop het leerling-, het klas-, het school- en het beleidsniveau samenhangen en op elkaar inspelen en op een handelingsgerichte manier contextgevoelige scenario's hiervoor ontwikkelen.

Ten tweede zien we dat de nadruk in debatten rond taal op school de laatste decennia kwam te liggen op het belang van taal bij leerlingen met een migratieachtergrond. In dit debat vergeet men vaak dat meertaligheid ook voordelen kan opleveren voor Nederlandstalige leerlingen. Schoolpersoneel en leerlingen zijn zich, door de verhoogde aandacht die naar Nederlands gaat bij migrantenkinderen, niet altijd bewust van de verschillende taalvariëteiten die voornamelijk Nederlandstalige leerlingen spreken. Nederlandstalige leerlingen worden zich door de tolerantie ten aanzien van meertaligheid meer bewust van de bestaande variatie in talen en taalvariëteiten en leren zich beter in te leven in hun medeleerlingen. Op deze manier beseffen Nederlandstalige leerlingen veel beter dat hun 'meertalige' medeleerlingen thuis communiceren in een andere taal. Ze worden zich hierdoor meer bewust van de moeite die hun medeleerlingen dagelijks doen om te communiceren. Het onderscheid in de status van talen wordt hier ook deels mee weggewerkt. Vlaanderen kent een lange traditie in vreemdetalenonderwijs. Het aanleren van bepaalde vreemde talen wordt enorm geapprecieerd in het onderwijs en op de arbeidsmarkt. Toch gaat het hier vaak om een select groepje van talen die een hogere status genieten, zoals Engels en Frans. De erkenning van de gelijkwaardigheid van alle talen op school zorgt voor een sterker meertalig bewustzijn, een verhoogd begrip met betrekking tot taalkwesties en wederzijds respect. Dat levert later voordelen op, tijdens de verdere schoolcarrière van leerlingen, op de arbeidsmarkt en in de omgang met mensen uit hun nabije omgeving.

Een laatste opmerkelijk punt tijdens de uitvoering van het Validiv-project is de vaststelling dat voor vele schoolactoren het inzetten van meertaligheid in de praktijk een mentale drempel vormde. De toename in tolerante praktijken tegenover meertaligheid op school door het Validiv-project bij leerkrachten gaf aan dat deze leerkrachten nood hadden aan ondersteuning om hun inspiratie omtrent meertaligheid aan te wakkeren. Zodra meertaligheid haar weg vond op school, leidde het vaak een eigen leven. Leerkrachten werden geïnspireerd door de ontwikkelde Validiv-instrumenten en de begeleiding en bedachten gaandeweg zelf manieren waarop meertaligheid nog meer een plaats kon krijgen in de klas. Door de introductie van een open meertalig beleid voelden leerlingen zich beter op school en toonden ze vaak ook meer initiatief. Het verhoogde welbevinden kan te wijten zijn aan het signaal dat leerlingen kregen over het belang van hun thuistalen. Leerlingen stonden niet altijd stil bij het belang van de cognitieve en talige voordelen wanneer de school meerdere talen omarmt, maar voelden wel al snel de erkenning van hun thuistaal.